**GOLDMANN
RATGEBER**

W0057811

Buch

Düfte wirken subtil und doch nachhaltig auf unsere Gefühle. Selten können wir erklären, warum uns manche Düfte berühren; sie scheinen tief in unser Innerstes vorzudringen und können wahre Wunder der Veränderungen unseres emotionalen Zustands innerhalb weniger Momente vollbringen. Erich Keller beschreibt in diesem Buch das Wie und Warum der emotional, geistig und seelisch wirksamen Öle nebst ihren Anwendungsmöglichkeiten.
Ein praktisches Register der Symptome ermöglicht es dem Leser, schnell und einfach den richtigen Duft zu finden. Auch die Kunst des Mischens und Herstellens der persönlichen Duftmischungen wird behandelt. Ein informatives und fast lyrisches Buch, das zu einer Reise in die Welt der Düfte und Gefühle einlädt.

Autor

Erich Keller arbeitet schon seit Jahren mit der Aromatherapie und veranstaltet im In- und Ausland Vorträge und Seminare zu den Themen Aromatherapie, Psychoaromatherapie, Raumbeduftung und Streßreduktion im Privat- und Arbeitsbereich.

Im Goldmann Verlag
liegen von Erich Keller bereits vor:

Essenzen der Schönheit (13566)
Das Handbuch der ätherischen Öle (13504)

Erich Keller

Erlebnis Aromatherapie

Wie Düfte auf unsere Gefühle wirken

GOLDMANN VERLAG

Illustrationen von Sw. Dhyan Anuragi, München

Umwelthinweis:
Alle bedruckten Materialien dieses Taschenbuches
sind chlorfrei und umweltschonend.

Der Goldmann Verlag
ist ein Unternehmen der Verlagsgruppe Bertelsmann

Genehmigte Taschenbuchausgabe 1993
© 1991 by Buchverlag Fischer Druck AG, Münsingen-Bern
Umschlaggestaltung: Design Team München
Umschlagfoto: Mauritius/Rosenfeld, Mittenwald
Druck: Presse-Druck Augsburg
Verlagsnummer: 13690
Ba · Herstellung: Sebastian Strohmaier
Made in Germany
ISBN 3-442-13690-3

1 3 5 7 9 10 8 6 4 2

Inhaltsverzeichnis

Duft und Gefühl

Am Rosenbusch vorübergehend, nehme ich plötzlich den süßen, köstlichen Duft seiner frischen Blüten wahr. Ich bleibe stehen, atme tief den Wohlgeruch ein, vergesse für diesen Moment die Welt um mich herum; meine Gedanken bleiben stehen. Was für ein seltener, entspannender Moment. Mir ist, als ob ich mein Herz spüre, es ist warm und weich. Ich spüre, wie sich ein liebevolles Gefühl in meiner Brust ausbreitet. Ich gehe weiter, wohlgelaunt, friedvoll, ein Lächeln auf den Lippen.

Es ist immer dasselbe. Wenn ich in der Nähe eines Menschen bin, der dieses altmodische «4711»-Kölnisch-Wasser benutzt, steht meine Mutter neben mir. Es ist, als ob ich sie körperlich wahrnehme. Ich spüre die mütterliche Obhut, ich sehe ihren besorgten Blick, ja mir ist, als wenn sie mir über den Kopf streicht. Für eine Weile bin ich wieder der kleine Erich.

Die Straße führt durch einen Tannenwald. Eben hatte ich es noch so eilig, nach Wildbad zu kommen. Aber jetzt, da der Duft von Tannen durch das offene Fenster des Autos kommt, fahre ich langsamer. Ich atme tief den Duft ein. Was für ein seltener Duft nach vielen Wochen in der Großstadt. Ich spüre, wie sich etwas in mir weitet und meine düstere Stimmung und Müdigkeit verfliegt. Wach, erfrischt und guter Laune, drehe ich das Autoradio etwas lauter und singe zur Musik.

Indien. Das Flugzeug ist gelandet, und die Türe öffnet sich. Ein Schwall feucht-heißer Luft und ein für mich fremdartiger, übler Geruch erfüllt sofort den Raum. Als ich das Flugzeug verlasse, nimmt der Duft vehement zu. Eine Mischung aus Verwesung, Moder, Exkrementen, so etwa wie der Müllberg nahe der Stadt, in der ich aufwuchs. Ich bin irritiert, und mir wird etwas übel.

Die Party war bis zu dem Moment, da sie sich neben mich stellte, langweilig, das übliche Party-programm. Ich hatte nicht viel zu sagen, alle redeten viel, einige tanzten, einige aßen, Paare hielten sich aneinander fest. Sie sah nicht sehr attraktiv aus, aber ich spürte eine starke Anzie-hung, die aus einer tiefen Schicht meines Wesens aufstieg. Völlig außerhalb meiner Kontrolle, kam als nächste Woge ein süßes Verlangen, sie zu umarmen, anzufassen, zu kosten. Sie roch so gut nach irgendeinem Parfüm. Völlig erotisiert und fasziniert folgte ich ihr.

Der Tag hatte nichts als Absagen gebracht. Der Himmel war grau, die Luft feuchtkalt, ich fror, war deprimiert und wollte mich nur noch verkrie-chen. Ich beschloß, ein Bad zu nehmen. Ich tat etwas von dem exotischen Badeöl hinein und legte mich in das warme Wasser. Der Duft des Badeöls verbreitete sich im Raum, und ich spürte eine feine Veränderung. Nicht nur, daß sich mein

Körper entspannte, auch meine Depression wich langsam einem wohligen Gefühl. Auf einmal waren die Ereignisse des Tages weit weg, und ich fühlte mich gut.

Er sagte, daß es sich um einen besonders guten und alten Rotwein handele. Ich roch an dem gefüllten Glas, in dem sich die Kerze wie ein samtig schimmernder, roter Funke widerspiegelte. Der Wein roch fruchtig, schwer, erdig und nach Holz. Ich atmete tief ein und mit einem entspannten, zustimmenden Ton aus.

Und Gott hauchte Adam den lebendigen Odem in die Nase.

* * *

Düfte wirken subtil und doch wirkungsvoll auf unsere Gefühle. Selten können wir erklären, warum uns manche Düfte berühren. Sie scheinen tief in unser Innerstes vorzudringen und wahre Wunder der Veränderungen unseres emotionalen Zustands innerhalb weniger Momente zu vollbringen. Wenn Sie versuchen, es zu beschreiben, fehlen Ihnen meistens die Worte. Es ist, als ob der Zauber damit aufhört, wenn man ihn festhalten oder analysieren will. Nun, letzteres ist ja eines der Übel unseres Geistes. Düfte sind vergänglich wie die ekstatischen Momente unseres Lebens. Wie die Liebe kommen und gehen sie, berühren uns aber zutiefst.

Wie Wolken, die vorüberziehen, wie Wellen, die sich formen und verlieren, kommen und gehen Stimmungen, Emotionen, Gefühle. Manche Wellen sind wie eine starke Brandung und können uns umwerfen, andere sind klein und schubsen uns nur ein wenig herum. Manche haben eine Unterströmung, unsichtbar, doch machtvoll und können uns weit ab von der Stelle treiben, wo wir eigentlich sein wollen. Starke Emotionen treiben uns von hier nach da und lassen uns Dinge tun, die wir in einer anderen Stimmung nicht machen würden.

Wenn wir nicht aufmerksam sind, werden wir ein Opfer unserer Stimmungen. Wir können sie ausdehnen, uns ihnen hingeben, ihrem Ruf folgen: Sei deprimiert, melancholisch, negativ, traurig, kaltherzig, verschlossen, mutlos, ängstlich.

Emotionen vernebeln den Blick für das Wesentliche, die Realität. Sie bewegen uns aus unserer Mitte, unserem objektiven Zentrum und trennen uns von unserer Stärke. Wenn wir zentriert und bewußt sind, können wir Emotionen spüren, aber uns gleichzeitig von ihnen distanzieren.

Das fällt vielen Menschen, vor allem in westlichen, zivilisierten Gesellschaften, schwer. Unsere Lebensweise ist unnatürlich, und die Reizüberflutung hat oftmals die erträgliche Schwelle überschritten, so daß wir nervös, gereizt, deprimiert oder neurotisch werden.

Um die Einflüsse unseres sozialen Umfelds abzublocken, benutzen wir oft als brauchbarste Methode, uns in uns zu verstecken, eine Mauer zwischen uns und der Welt oder den Mitmenschen aufzubauen, keine Gefühle mehr zu zeigen oder zuzulassen. Das ist keine Lösung, denn ganz tief innen liegen unsere Gefühle und Sehnsüchte und drängen auf Ausdruck und Erfüllung.

Aromatherapie, eine alte Heilmethode, die in diesem Jahrhundert wieder Beachtung fand, entwickelt sich zu einer von Ärzten, Naturheilpraktikern und Laien willkommenen Alternative zur Behandlung von Körper, Geist und Seele. In diesem Buch möchte ich gezielt auf die Wirkungen von ätherischen Ölen, die flüssige Form der Pflanzendüfte, auf die Psyche eingehen.

Die Anwendung ist nicht kompliziert und erlaubt jedem nach einiger Zeit des Praktizierens, sich mit den wohlriechenden Düften von Blüten, Hölzern, Harzen usw. Gutes zu tun. Das ist nichts Neues, das hat auch nichts mit New Age zu tun. Es ist die Wiederentdeckung unseres ältesten und feinsten Sinnes, der uns bis heute durch diese Welt geleitet und beeinflußt hat. Es ist auch das Wiederentdecken eines uralten Wissens, das tief in uns allen schlummert. Sie werden sich sicher in den vorangegangenen Beispielen erkannt haben und sich an ähnliche Situationen erinnern. Im weiteren Verlauf unserer Reise durch dieses Buch wird Ihnen das bestimmt noch oft geschehen. Sie

werden eingeladen, zu erfahren, wie Düfte Stimmungen machen und Sie diese nutzen können,
um sich wohler und besser zu fühlen.

Rückblick
auf vergangene Zeiten

Bevor wir Menschen wurden, durchliefen wir viele Metamorphosen. Wir waren einmal Einzeller, Fisch, Kriechtier. Wir lernten aufrecht zu gehen und kletterten auf die Bäume. Wir stiegen wieder von den Bäumen und veränderten unsere Form. Wir nahmen die Gestalt des Menschen an. Neben dem Schmecken, Sehen, Hören und Fühlen haben wir uns hauptsächlich durch das Riechen auf der Welt orientiert.

Für den Urmenschen war Duft ein wichtiges Merkmal, ob er eine Frucht, eine Pflanze, das Wasser oder das Fleisch eines Tieres genießen konnte. Bedrohliche Tiere und andere Feinde des Menschen wurden durch ihren Duft erkannt. Und umgekehrt, wie es auch heute noch ist, nahmen uns andere Wesen durch unseren Duft wahr. Mensch, Pflanze und Tier kommunizierten durch den Duft. Ähnlich vielen Tieren, wurde ihre sexuelle Aktivität zur Fortpflanzung durch den sich verändernden Körperduft während eines Menstruationszyklus gesteuert. Tief sind die Eindrücke dieser Zeit in unserem Geist und jeder Zelle unseres Wesens festgehalten.

Instinktiv riechen wir auch heute noch an den Speisen und Getränken, auch wenn wir ziemlich

sicher sein können, in keinem Restaurant oder daheim giftige Speisen angeboten zu bekommen. Und die Wahl unserer Freunde, Partner oder Geliebten geschieht ganz bestimmt zu einem großen Teil durch die Nase. Liebe geht vielmehr durch die Nase als durch den Magen, um ein altes Sprichwort in einem neuen Sinn zu benutzen.

Unsere Beziehung zur Pflanzenwelt war wesentlich anders als heute. Wir betrachteten alles, was uns umgab, nicht nur die Pflanzenwelt, als ein harmonisches Ganzes. Die frühen Menschen, und das empfinden heute noch die Überbleibsel alter Kulturen und eingeborener Stämme, behandelten die Natur mit Dankbarkeit und sorgten sich um ihr Wohlbefinden. Für sie war die ganze Natur beseelt, und alles war ein Lebewesen, das ihnen gleichwertig war und respektiert wurde.

Dagegen ist unser heutiger Umgang mit Pflanzen und Tieren, mit der gesamten Schöpfung eher ein achtloses Benutzen geworden. Es ist uns nicht mehr bewußt, daß alles Leben Bewußtsein enthält und eine Seele hat.

Mit fortschreitender Entwicklung unserer Intelligenz wurden wir Menschen uns der Wirkungen der Pflanzendüfte bewußt und begannen sie gezielt anzuwenden. Vor allem die Hochkultur der Ägypter bediente sich der Pflanzendüfte für ihr seelisches und körperliches Wohlbefinden.

Bevor wir die Destillation zur Gewinnung von Pflanzenessenzen erfanden, wurden Pflanzen,

Harze, Früchte und Rinden geräuchert. Der aufsteigende Rauch versetzte die Menschen in verschiedenste Stimmungen und trug auch zu ihrem körperlichen Wohlbefinden und zur Heilung bei. Man betrachtete Wohlgerüche als die Anwesenheit wohlwollender Götter oder einer guten Energie, wie wir heute sagen.

Die von Priestern ausgeführten Räucherzeremonien waren Opfergaben an die Götter, und wo immer es gut roch, waren die Götter zugegen. Schon immer suchten die Menschen die Nähe Gottes, der Götter oder des Paradieses – eines Platzes, den sie verloren hatten. Die Wohlgerüche der Räucherungen waren für sie eine Heilung der verletzten, suchenden Seelen. Mit den Düften konnten sie Kontakt mit ihrer Gottheit aufnehmen, und ihre Seelen konnten sich auf die Ebenen der Götter aufschwingen.

Alle alten, großen Religionen und kleinen Glaubensgemeinschaften oder Sekten haben die Räucherung zur Stimulation der Sinne durch Düfte übernommen und benutzen Räucherwerk auch heute noch in ihren Kirchen, Moscheen oder Tempeln.

Unsere westlichen und östlichen Kirchen benutzen ähnliche Zusammensetzungen wie die der alten Ägypter und anderer vergangener Kulturen des Orients. Deren Räuchermittel waren Weihrauch, Myrrhe, Galbanum, Amber, Wacholder, Kalmus, Zimt, Narde, Safran u. a.

Welche Wertschätzung man den Duftstoffen vor 2 000 Jahren entgegenbrachte, zeigt sich bei den drei Weisen aus dem Morgenland, die dem neugeborenen Messias Weihrauch, Myrrhe und Gold als Geschenke brachten. Vom Weihrauch weiß man heute durch wissenschaftliche Studien, daß er auf eine subtile Weise ekstatisch wirkt. Wenn Sie durch den Besuch einer katholischen Messe schon einmal oder regelmäßig die Bekanntschaft mit Weihrauch gemacht haben, dann kennen Sie bestimmt auch den Zustand des Abgerücktseins, der inneren Ruhe und des Vergessens dessen, was sich draußen vor der Tür abspielt. Hier spielt das gemeinsame Gebet natürlich auch eine entscheidende Rolle.

Alle Völkerstämme des Orients pflegten den Umgang mit Duftstoffen und Räucherwerk. So wurde zum einen geräuchert einfach wegen des schönen Duftes, zum anderen wegen der heilenden, stimulierenden oder reinigenden Wirkungen auf den Geist, den Körper oder die Emotionen. Und wie bei den Ägyptern wurden Räucherungen bei vielen anderen Völkern als Opfergabe an die Götter durchgeführt.

Vor allem sind die Ägypter zu nennen, die Düfte in ihren religiösen Zeremonien, für Kosmetik und Heilsalben sehr umfangreich und erfolgreich einsetzten.

Die Hebräer nahmen bei ihrer Reise in ihr gelobtes Land Gewürze und Duftstoffe aus Ägypten mit, und ihre Tempel waren voller Wohlgerüche und heiliger Salböle, die alle wieder demselben Zweck dienten: des Menschen Seele zu nähren, heilen, reinigen und mit Gott zu verbinden.

Der Gebrauch von Räucherstäbchen, Duftkerzen oder anderen Räuchermitteln war in ganz Asien verbreitet und hatte dieselben Gründe: Opfergaben an die Götter, Einstimmung auf das Göttliche und die Erhebung der Seele. Ob in der Mongolei, Tibet, Thailand oder Indien – überall fanden sich dieselben Rituale und Räuchermittel. Die Chinesen betrachteten Krankheit als eine Störung der Einheit zwischen Mensch und Kosmos. Dafür wurden Wohlgerüche empfohlen, wobei es sich sowohl um eine körperliche Heilung als auch um Stimulation der Sinne und religiöses Ritual handelte. Auch die alten Chinesen schwelgten am Hof in Wohlgerüchen, und manche chinesische Kaiser beschenkten gute Untertanen und tapfere Kämpfer mit Duftgeschenken.

In Griechenland, Arabien und Persien finden wir ähnliche Beispiele, daß Pflanzendüfte für die Spiritualität und die Stimmungen der Patienten von den Ärzten angewendet wurden. Der bekannte persische Arzt Avicienna behandelte in erster Line die Emotionen und feinstoffliche Ebene seiner Patienten, um dadurch auf die körperlichen Beschwerden oder Krankheiten einzuwirken. Unser neues Verständnis des Ursprungs von

Krankheit geht von diesem alten Wissen aus, daß Krankheit seine Entstehung im Feinstofflichen, also dem Emotionalen und Seelischen, hat. Die alten Kulturen in ihrer einfachen und naturverbundenen Denkweise und ihrem heute als neues Wissen betrachteten holistischen Weltbild taten, was wir heute wieder versuchen: auf der emotionalen Ebene heilen und harmonisieren.

Zur Zeit der Antike betrachtete man in Griechenland Wohlgeruch als die Anwesenheit der Götter, und wo Götter sich niederließen, da mußte es dem Menschen gutgehen. Was lag also näher, als sich mit Wohlgerüchen zu umgeben, um die Götter zum Rendezvous zuhause einzuladen. Die Wurzel des Wortes Thymian ist im Griechischen «räuchern» und «Räucherwerk».

Im islamischen Persien erfuhren andere Düfte eine Bevorzugung, denn die sinnesfreudige islamische Religion konzentrierte sich mehr auf anregende, sinnliche Düfte wie Moschus. Der Rosenduft erfuhr sehr viel Anerkennung und den ihm heute noch mit Recht verbundenen Mythos des Duftes des Herzens, der Liebe und des Mitgefühls zu sein. Der Duft der Rose und die Blume selbst findet sich in vielen Religionen und Kulturen wieder. Die griechisch-orthodoxe Kirche benutzt geweihtes Rosenwasser, die Mayas brandopferten Rosen zur Heilung Kranker.

Bei allem, was man über die Anwendung von Düften in der Geschichte erfährt, ist es schwer,

eine klare Linie zwischen Heilung, Kult, Gottes-
anbetung oder reinen Sinnesfreuden zu ziehen.
Aber das soll uns heute nicht hindern, etwas im
Geschichtsbuch zu blättern und das herauszugrei-
fen, was die Menschen früher mit Düften taten
und Vorläufer unserer heutigen Aromatherapie
waren. Schauen wir uns doch noch etwas in der
Duftwelt von gestern um.

In der sogenannten Neuen Welt, der Welt der
Inkas, der Azteken, der Mayas und der Indianer
Nordamerikas spielten Duftstoffe eine ebenso
wichtige Rolle. Überhaupt ist dieser Kontinent
nicht von den seefahrenden Spaniern entdeckt
worden, weil sie dringend nach einem neuen
Land suchten, sondern weil sie auf der Suche
nach Gewürzen und Düften waren. Diese Suche
war der wichtigste Grund, warum sich die Menschen in Schiffe begaben und ins Unbekannte
segelten.

Als die ersten Seefahrer Mittelamerika erreich-
ten, wurden sie mit Duftgeschenken empfangen,
und ihre Verhandlungen fanden erst nach voran-
gegangener Räucherung statt, was eine gute Atmosphäre verbreiten sollte. Wie wäre es, wenn
heute bei wichtigen politischen Verhandlungen
statt Kaffee- und Zigarettenduft der Raum mit
entspannenden, feinen Düften angereichert wäre? Aus diesen Räucherungen der Azteken und
der Friedenspfeife der Indianer hat sich das heuti-
ge Rauchen auf der ganzen Welt entwickelt, das

aber nicht zur Entspannung, sondern zu Anregung und Nervosität führt.

Die Urbevölkerung Nordamerikas, die Vorgänger der Sioux, der Hopi, der Zuni usw. waren ursprünglich über die Beringstraße von Asien eingewandert und brachten von dort ihre Räucherzeremonien und ihr Wissen um die tiefgreifenden Reinigungsprozesse und Heilwirkungen von Pflanzendüften mit. Der Medizinmann versetzte sich selbst in Trance, um durch seinen veränderten Bewußtseinszustand seine Patienten auf ihrer feinstofflichen Ebene zu heilen und zu harmonisieren. Dabei wurden uns bekannte Pflanzen wie Wacholder, Salbei, Thymian, Zeder und Pinie geräuchert.

Die Römer, anfänglich ein recht duftarmes Volk, kamen durch ihre Eroberungsfeldzüge mit allerlei neuen Dingen wie dem Baden in Griechenland, den Räucherritualen des Orients, den duftenden Essenzen der Ägypter und vielen neuen Gewürzen in Berührung, und sie brachten diese mit nach Hause. Hier entwickelten sich so manche Exzesse, wobei sich die Mächtigen, Reichen und Damen und Herren des Adels überschwenglich mit Düften umgaben.

Dabei dürfte wohl an erster Stelle der pure Genuß der Düfte, aber nicht die feine Behandlung des Geistes und Seele gestanden haben. So wird von Gelagen berichtet, wo riesige Mengen von Weihrauch verbrannt, tonnenweise Blütenblätter ausgestreut und die Springbrunnen mit duftenden Wässern gefüllt wurden. Kurz gesagt, die Dufterlebnisse der Römer waren mehr auf Genuß und Sinnlichkeit ausgerichtet.

Mit dem sich ausbreitenden Römischen Reich, dem Handel zwischen den Ländern, den seefahrenden Völkern und der Suche nach neuen Quellen für Gewürze und Düfte verbreiteten sich nicht nur die Düfte, sondern auch ihre Methoden der Anwendung auf der Welt.

Im nachfolgenden Mittelalter wurde durch die Kreuzritter neues Duftmaterial und außerordentliche Dinge wie ein duftendes Dampfbad und Parfüms nach Europa gebracht.

An den Universitäten, besonders in Italien, beschäftigte man sich mit Essenzen und Düften, in England beschäftigte sich Mr. Culpeper mit den heilenden und stimulierenden Eigenschaften von Kräutern und Pflanzenessenzen (mit seinen Veröffentlichungen beeinflußte er viele Alchimisten, Heiler und Ärzte Europas), aber insgesamt muß die Bevölkerung Europas mehr unter dem Gestank gelitten als sich an feinen Düften erfreut haben.

Erst um die Zeit der Französischen Revolution wandte man sich eben dort der Herstellung von Parfüms zu. Man, d.h. am Hofe, entdeckte wieder die Düfte und verwendete Riechsalz, Riechfläschchen, Parfüms und duftende Seifen. Das führte bei einigen Damen und Herren, wie bei den Römern, zu recht exzessivem Beduften des aristokratischen, herrschaftlichen Körpers.

Die anschließende Zeit der Industrialisierung bescherte der Welt die Errungenschaft, Aromen synthetisch herstellen zu können. Damit war der Weg frei für eine preiswerte Produktion von großen Mengen von Duftstoffen und Parfüms. Seitdem werden ständig natürliche Düfte in der Retorte kopiert, verbessert und verändert, so daß bis auf einen kleinen Anteil alles das, was heute bei uns duftet oder beduftet wird, fast völlig synthetische Duftstoffe enthält: Parfüms, Waschmittel, Putzmittel, Autos, Kleider, Lebensmittel, Verkaufsräume usw.

Etwa 1930 begann sich ein französischer Chemiker, René-Maurice Gattefossé, mit den Wirkungen von Pflanzenessenzen zu beschäftigen und nannte seine Erkenntnisse der Heilwirkungen «Aromatherapie». Viele andere folgten und erweiterten die Erkenntnisse nicht nur über die Heilwirkungen der ätherischen Öle auf den Körper, sondern auch auf die Emotionen und den Geist des Menschen.

Als wenn das alte Wissen nach einem langen Schlaf in den Menschen wieder aufgewacht wäre, verbreitete sich die Anwendung von reinen, natürlichen Düften wieder.

Heute ist die Aromatherapie, die therapeutische Nutzung von Düften und Duftstoffen, zumindest in Europa, wieder weit verbreitet und hat

24

auch viele Freunde gefunden, die sich nicht therapieren, sondern lediglich an den schönen Düften erfreuen.

Wie Sie später feststellen werden, kann jeder an diesem Erlebnis teilhaben und es genießen. Was für die Ägypter des Altertums das Räuchern mit Zedernholz und Weihrauchharz war, ist heute unser Tropfen ätherischen Öls in der Aromalampe, ins Bad, ins Körperöl oder ins Parfüm – beides ist Nahrung, Pflege und Heilung der Seele und Gefühle.

Vom Riechen und Fühlen

Düfte haben Zutritt zu unserem Geist, unserem Herzen und unserer Seele. Sie können auch auf viele Organe und Systeme unseres Körpers wirken. Am wichtigsten zu nennen ist dabei ihre Anregung der Selbstheilungskräfte.

Um zu verstehen, wie Riechen und Fühlen zusammenhängen, wollen wir ganz klein anfangen: bei einem Duftmolekül. Es löst sich von einem Gegenstand, einer Pflanze, einer Flüssigkeit, einem Menschen usw. und wird von Ihrer Nase beim Einatmen aufgesogen.

In diesem Zusammenhang muß ich anmerken, daß Riechen sehr viel mit Atmen zu tun hat. Wenn Sie tief atmen, nehmen Sie mehr Düfte wahr. Außerdem gibt es Ihnen das Gefühl, lebendig zu sein. Flaches Atmen verursacht Enge, Angst und Schwächegefühle.

Ganz oben in Ihrer Nase haben Sie die Riechschleimhaut. Sie ist nicht wie irgendeine andere unserer Schleimhäute, sondern besteht aus Gehirnzellen! D. h., unser Gehirn ist sozusagen auch in unserer Nase. Damit treffen Duftmoleküle ungefiltert auf unser Gehirn. Vielleicht ist Ihnen damit schon klar, wie sehr uns ein Duft beeinflußt.

In Ihrer Riechschleimhaut befinden sich auf maximal zwei Quadratzentimeter insgesamt zehn Millionen Riechzellen (Nervenzellen). Diese erneuern sich kontinuierlich alle 30 bis 40 Tage. Es kann also nicht sein, daß jemand nichts riechen kann. Das kann nur eine psychische Ursache haben. Jede dieser Riechzellen hat sechs bis acht Flimmerhärchen, also etwa 80 Millionen Härchen, die jedes Duftmolekül registrieren, das eingeatmet wird.

Was dann geschieht, ist noch nicht völlig klar. Eine Theorie besagt, daß es fünf Typen von Rezeptorenzellen gibt, die blumige, kampferartige, brennende, stechende und verwesende Düfte in Gruppen erfassen können. Die Rezeptorzelle funktioniert wie ein Schloß, das Molekül ist der Schlüssel, der paßt und einen Nervenimpuls auslöst.

Außerdem erwägt man die Möglichkeit, daß die Riechzellen die Infrarotstrahlung von Molekülen wahrnehmen und dadurch einen Duft identifizieren können. Wie immer es auch wirklich ist, es funktioniert, und wir sollten damit zufrieden sein. Daß die Natur einige Geheimnisse für sich behält, macht das Leben mystisch.

Kommen wir zurück zum Moment, da ein Duftmolekül Ihre Riechzellen trifft. Sie brauchen keine starken Düfte, um sie wahrzunehmen. Sie erkennen selbst feinste Düfte wie der des Vanillins in einer Konzentration von 0,000 000 02

Gramm oder Moschus mit 0,000 000 03 Gramm pro Kubikzentimeter Luft. Ganz gleich, wie viele Düfte gleichzeitig auf uns «einstürmen», sie werden alle wahrgenommen und identifiziert.

Die Nervenzellen senden nach dem Empfang eines Moleküls einen elektrischen Impuls über die Nervenbahnen direkt ins Zentrum Ihres Gehirns, zum Riechhirn, das Teil des limbischen Systems ist. Dieses limbische System ist der älteste Teil unseres Gehirns und war bereits ausgebildet, bevor sich die Teile des Gehirns entwickelten, von denen man weiß, daß sie unsere Intelligenz bzw. Denken ermöglichen.

Das limbische System ist ein kompliziertes und miteinander verbundenes Gebilde von Nervenbahnen und Gehirnbereichen. Es enthält neben Ihrem Riechhirn eng damit verbunden Ihre Steuerzentralen für Motivation, Kreativität, Sympathie/Antipathie, Sexualität, Emotionen, Gedächtnis, Lernbereitschaft, Konzentration und die vegetativen Funktionen unseres Körpers (Herztätigkeit, Blutdruck, Atmung, Körpertemperatur, Verdauung usw. – alle die Tätigkeiten des Körpers, über die Sie glücklicherweise nicht nachdenken müssen, sondern automatisch ablaufen).

Die wichtigsten Steuerzentren in Ihrem Gehirn sind Thalamus, Hypothalamus, Hirnanhangdrüse (Hypophyse) und Zirbeldrüse. Diese wirken auf Keimdrüse, Nebennierenrinde, Bauchspeicheldrüse, Thymusdrüse, Milz und Schilddrüse. Alle zusammen sind die Regler Ihres Körpers und Ihrer Gefühle.

Durch sie wird die Ausschüttung von Hormonen und Neurochemikalien des Körpers beeinflußt und führt dazu, daß man bestimmten Düften eine hormonähnliche Wirkung zuschreibt. Diese Substanzen steuern z. B. unsere sexuelle Energie, Wohlbefinden, Entspannung, Freude oder Energiefreisetzung in Krisensituationen (Streß).

Der ganze Prozeß vom Wahrnehmen eines Duftes bis zur körperlichen Reaktion dauert nur wenige Sekunden.

Jetzt werden Sie verstehen, warum Düfte so wichtig sind und kraftvoll unsere Gefühlswelt mitverantwortlich gestalten. Ob Sie etwas freudig, mißmutig oder gelangweilt tun, ob Sie ängstlich, gehemmt, freudig, ärgerlich, wütend, liebevoll, lustvoll sind oder jemand mögen bzw. «nicht riechen können», ob Sie sich begeistern oder langweilen – es kann durch Düfte verändert werden.

Es gibt keine natürlichen Pflanzendüfte, die ein negatives Fühlen und Denken verursachen. Die Natur hat kennt nur den Zustand der Lebensbejahung. Keine Blume denkt über ihren Platz, ihre Nahrung, ihre Bestimmung nach, sorgt sich um ihre Zukunft. Sie strömt rückhaltlos ihren Duft jeden Moment ihrer Blütezeit aus. Als kostbarstes Geschenk gibt sie uns ihr ätherisches Öl. Nehmen Sie dieses Geschenk als eine kostbare

Gabe an, und benutzen Sie die Öle immer mit diesem Bewußtsein, dann werden Sie Ihre Natur-verbundenheit und Dankbarkeit wieder entfal-ten.

Ein Duft liegt in der Luft

Uns umgeben ständig Düfte. Alles, was Materie ist, hat seinen typischen Eigengeruch. Nur das Nichts duftet nicht.

Vom morgendlichen Aufwachen an bis zum Einschlafen am Abend empfängt unsere Nase subtile oder intensive Duftinformationen. Das beginnt mit dem Geruch des Schlafzimmers am Morgen, der von unseren Ausdünstungen in der Nacht gekennzeichnet ist. Dabei ist uns nicht sehr wohl, und wir haben das Bedürfnis nach frischer Luft. Wenn man in der Großstadt lebt, hilft das Öffnen des Fensters kaum, denn was da von draußen reinkommt, weckt selten unsere Lebens-geister.

Das morgendliche Duschen und die Körper-pflege enthält eine ganze Serie von Duftsensatio-nen. Vielleicht nehmen Sie es gar nicht mehr bewußt wahr, aber gewöhnlich riecht Ihre Seife, Ihr Schampon, Ihre Zahnpasta, Ihre Hautcreme, Ihr Rasierwasser. Selbst Ihr Badezimmer hat sei-nen eigenen, individuellen Geruch, der mit kei-nem anderen Badezimmer vergleichbar ist. Die

vielen kleinen Einzelgerüche der Dinge, die sich in Ihrem Badezimmer befinden, machen seinen Gesamtduft aus.

Nach dem Frühstück, das wiederum für Düfte in Ihrer Wohnung sorgt, werden Sie von dem Geruch **Ihres** Treppenhauses, **Ihres** Autos, der Straßenbahn, der U-Bahn usw. beeinflußt. Und mit geschlossenen Augen würden Sie am Duft **Ihren** Arbeitsplatz wie viele andere Orte und Plätze erkennen, an denen Sie sich regelmäßig aufhalten.

Diese Programmierung in unserem Gehirn ist so perfekt, daß wir sofort erkennen, wenn sich irgendein anderer Duft, und sei er noch so fein, in unserer Umwelt plötzlich bemerkbar macht. Dann «spüren» wir den neuen Duft, während wir den alltäglichen, gewohnten Gerüchen keine Aufmerksamkeit schenken. Das ist eine sehr praktische Funktion, obgleich die ständigen Einflüsse unangenehmer oder wohlriechender Düfte unsere Grundstimmung ganz beträchtlich färben können. Wenn sich aber neue Düfte bemerkbar machen, schalten wir sofort auf Aufmerksamkeit und begutachten den Duft. Wir identifizieren, benennen und vergleichen ihn. Ist er angenehm, was ist das, das da duftet, habe ich irgendwelche Erfahrungen damit?

Alle Düfte, die wir während eines einzigen Tages wahrnehmen, lösen in uns ein Befinden aus. Wir fühlen uns stimuliert vom Duft des Kaffees in unserer Küche, hungrig vom Duft der frischen Backwaren in der Bäckerei auf dem Weg zu unserem Arbeitsplatz, entspannt von dem vertrauten Duft unserer Wohnung, wohlig bei dem Duft des Freundes oder der Geliebten.

Kennen Sie das wohlige Gefühl, alleine im Bett zu liegen, das nach Ihrem Partner, Ihrer Geliebten riecht? Es ist, als ob die Person körperlich anwesend wäre. Liebende geben sich für Zeiten der Trennung oft Kleidungsstücke zur Erinnerung. Oft habe ich den Schal meiner Freundin getragen, um «ihren» Duft wahrzunehmen.

Unwohl fühlen wir uns bei dem Gestank der Abgase, dem muffigen Geruch des ungelüfteten Treppenhauses und der überfüllten Kaufhäuser oder U-Bahn. Das liegt nicht nur an der Qualität des Duftes, sondern auch an der Vielzahl der Duftinformationen, die auf uns einstürmen. Wo immer Menschen in Massen sind, nehmen wir viele, leider nicht viele positive Schwingungen auf. Es ist nun einmal so, daß sich gerade in dichtbesiedelten Gebieten auch eine Verdichtung unangenehmer, belästigender Düfte findet. Ich glaube, daß wir deshalb unseren Geruchssinn abzuschalten versuchen, weil die Düfte, die wir heute wahrnehmen, nichts mehr mit einer natürlichen Umwelt gemein haben.

Es ist aber gerade unser Geruchssinn, der uns aufgrund seiner feinen Wahrnehmungsfähigkeit mit den Vorgängen in unserer Umwelt, in der

Natur, mit unseren Mitmenschen verbindet und wichtige Informationen gibt. So kann man den Wechsel von Sommer zu Herbst, wenn man auf dem Land lebt, schon riechen, bevor sich das Laub färbt. Schnee kündigt sich durch einen besondern Duft der Luft an. Verrottende Lebensmittel haben einen typischen Duft, bevor sie äußerliche Merkmale aufweisen. Aufgeregte Menschen schwitzen stark, kranke Menschen riechen unangenehm, glückliche Menschen strömen förmlich den Duft der Lebensfreude aus und senden uns positive Duftsignale. Kein anderer unserer Sinne ist so leistungsfähig und prägt unser Denken, Handeln und Empfinden.

Das haben sich natürlich die Hersteller von Kleidern, Möbeln, Fahrzeugen, Magazinen, Lebensmitteln usw. schon längst zunutze gemacht. Das Auto riecht nach Leder, auch wenn es nur aus Blech und Plastik besteht. Die Fertigsoße duftet nach künstlichem Vanillin. Die Modemagazine strömen oft verschiedene Düfte gleichzeitig aus, meistens haben die Seiten der Parfümwerbung einen abstoßenden Geruch, der sich aus Druckfarben, Papier und Parfüm ergibt. Gehen Sie doch einmal ganz bewußt riechend durch ein großes Kaufhaus: In der Damenabteilung werden Sie bestimmt andere Düfte wahrnehmen als in der Herrenabteilung.

Noch einige interessante Fakten für Laien und Aromatherapeuten: Die Wahrnehmung von Duft ist nicht allgemein gültig. Frauen nehmen Düfte schneller, besser und differenzierter wahr als Männer. In der Schwangerschaft ist ihr Duftsinn sehr sensibel, und sie empfinden den Duft von Fleisch, Rauch, Alkohol und starken Parfüms als unangenehm. Ihr Riechsinn ist mit 30 Jahren am leistungsstärksten. Bereits bei Kleinkindern, die erst einige Tage alt sind, hat man beobachtet, daß Mädchen auf Düfte besser reagieren als Jungen. Kleinkinder haben außerdem noch keine Duft-konditionierung, d. h. keine negativen oder positiven Erfahrungen, und akzeptieren alle Düfte. Deswegen können sie auch unbeschwert in ihren Ausscheidungen sitzen.

Männer und Frauen nehmen gleichsam ab dem 60. Lebensjahr weniger Düfte wahr. Ihre Reaktion auf erogene Duftstoffe nimmt mit diesem Alter rapide ab.

Allgemein hat man beobachtet, daß für die meisten erwachsenen Menschen, die zum erstenmal an einem ätherischen Öl riechen, das Wahrnehmen natürlicher Pflanzendüfte eine freudige Überraschung ist. Wie viele von uns haben schon lange nicht mehr eine leibhaftiges Kraut in der Hand gehabt und an ihm gerochen? Wann haben wir das letzte Mal in einer Blumenwiese gelegen und den Duft von Gras und Wiesenblumen, dieses Meer von erheiternden und entspannenden Düften, wahrgenommen? Wer hat jemals in Indien an einem Feuer den Duft brennenden Sandelholzes wahrnehmen können oder ist in Spanien zur Orangenblüte zwischen den Fincas spazierengegangen?

Alle diese uns bekannten und unbekannten Dufterlebnisse sind durch ätherische Öle möglich. Sie verursachen Gemütsveränderungen und regen die Intuition und Sensibilität an. Sie heilen und harmonisieren uns dort, wo keine Medikamente uns helfen können – in unserer Seele und unserem Herzen. Ich möchte Ihnen daher den Umgang mit ätherischen Ölen und ihren Düften «ans Herz legen», damit auch Sie wieder die Sprache Ihrer Seele verstehen und mit der Stimme Ihres Herzen reden können.

Duftphantasien

Es gibt noch mehr interessante Dinge zu berichten. Sie werden es selbst kennen: Mit vielen Düften tauchen Bilder und Gefühle aus der Vergangenheit auf. Unser Gehirn speichert nämlich mit den Duftinformationen auch die dazugehörigen Erlebnisse. Und das vom ersten Atemzug an. Jeder von uns verbindet mit vielen Düften «sein» oder «ihr» Erlebnis. Deshalb werden Düfte von jedem Menschen ganz individuell «bewertet».

Wer mit dem Duft des Meeres eine angenehme Urlaubserinnerung verbindet, wird sich beim Wahrnehmen dieses ganz speziellen Duftes sofort wohl fühlen. Ganz bestimmt tauchen für einige Sekunden auch Bilder auf, die uns zu dem ursprünglichen Erlebnis zurückführen. Als ob Zeit nicht existierte, können Sie Vergangenes in allen Einzelheiten wiedererleben. Daß Zeit eine Illusion ist, können Sie in solchen Momenten lebhaft erfahren.

Als Kind mochte ich gekochten Spinat nie. Doch meine Mutter flößte mir den grünen Brei mit einem kleinen Löffelchen und Nachdruck ein. Das lief nicht ohne Weinen und Verschmieren des Essens im ganzen Gesicht ab. Nach 40 Jahren verursacht der Duft von Spinat immer noch Widerwillen und erinnert mich an diese Situationen.

Aber der Duft des Tannenwaldes und des Gemüsegartens hinter dem Haus bleibt unauslöschlich mit dem Gefühl von Unbeschwertheit, Freiheit und Spiel verbunden. Eine kindliche Freude erfüllt heute noch mein Herz, wenn ich diese Düfte wahrnehme. Ich sehe mich in den Bäumen klettern, im Gras liegen und fasziniert den geschäftigen Ameisen zusehen.

Als ich mich zum erstenmal verliebte, wußte ich nicht damit umzugehen. Ich hatte jede Gelegenheit genutzt, in ihrer Nähe zu sein, ihre Tasche nach der Schule zu tragen, mit ihr zum Bus zu gehen, über die Schulaufgaben zu reden. Niemals hatte ich den Mut zu sagen, was ich fühlte. Das Mädchen war dunkelhaarig, dunkelhäutig, eine typische, amerikanische Mischung aus den verschiedenen Völkern. Sie roch anders als andere Mädchen: süßlich-ranzig, exotisch. Fast 30 Jahre später verliebte ich mich wieder in ein dunkelhaariges, dunkelhäutiges, amerikanisches Mädchen.

Alles, was wir in unserem Leben erlebt haben, ist mit einem Duft verbunden. Auch Menschen, die uns umgeben haben, sind mit «ihrem» Duft in unserem faszinierenden Computergehirn gespeichert. Erinnern Sie sich an den Duft Ihrer Eltern, Ihrer Geschwister, Ihrer Geliebten? Sicherlich werden Sie jemanden auf Anhieb sympathisch finden, dessen Duft dem eines geliebten Menschen ähnlich oder gleich ist.

Das Wohlbefinden oder Zuhausefühlen ist nicht an wohlriechende Düfte gebunden. Wer neben einer Tankstelle gelebt und glücklich war, mag den Duft von Benzin für sein ganzes Leben lieben. Wer glückliche Momente an einem Lagerfeuer hatte, wird sich automatisch beim Duft verbrennenden Holzes an diese erinnern. Selbst die übelriechende Müllkippe oder Industrieanlage kann für immer die angenehme Erinnerung an schöne Zeiten der Kindheit, an Elternhaus oder Heimat wachrufen.

Ohne Deo betrachtet

Jeder Mensch hat einen ganz individuellen Körpergeruch, den Sie – meist unbewußt – wahrnehmen; doch ist er eine der Ursachen, warum Sie Sympathie, Zärtlichkeit, Erotik, Liebe oder deren Gegensätze empfinden.

Die Duftsignale anderer Menschen lassen Sie Ihre Mitmenschen auf physischer, emotionaler und seelischer Ebene wahrnehmen. Je sensibler Sie sind (oder durch den Gebrauch ätherischer Öle werden), desto mehr werden Sie über einen Menschen durch seinen Duft erfahren können.

Oft finden wir keine Worte dafür, was wir dabei fühlen, denn unsere alltägliche Sprache kennt nicht viele Worte für die Beschreibung feinster Schwingungen. Ein nonverbales Kommunizieren wie das bewußte Riechen des Partners, der Blick in die Augen oder das zarte Berühren sagt es besser. In solchen Momenten sind beschreibende Worte unmöglich. Freude, Depression, Gesundheit, Krankheit, innere Ruhe, Zufriedenheit – vieles läßt sich aus dem Körpergeruch eines Menschen ablesen. Von erleuchteten Meistern wird gesagt, daß sie einen ganz unvergleichlichen, feinen Duft haben. Erfahrene Ärzte können aufgrund des Körpergeruchs ganz bestimmte Krankheiten feststellen, ohne den Patienten eingehender untersuchen zu müssen.

Auch wenn Sie kein erfahrener Arzt oder Aromatherapeut sind, Sie werden die Duftsignale emotionalen und körperlichen Befindens Ihrer Mitmenschen empfangen und darauf auch gefühlsmäßig reagieren. Erinnern Sie sich an den

Gang durch ein Krankenhaus oder den Duft des Zimmers eines Kranken? Sicherlich haben Sie sich nicht besonders wohl gefühlt und hinterher erst einmal kräftig durchgeatmet.

Was dem einen als angenehmer Körpergeruch erscheint, kann für den anderen abstoßend wirken. Deswegen kann man auch nicht pauschal sagen, daß eine Person schlecht riecht. Und daher ist es auch erklärlich, daß wir einen Menschen sehr sympathisch finden, der von unseren Freunden abgelehnt wird. Eine Ausnahme mögen Kleinkinder sein, die jeder mag: Ihr Duft ist unschuldig, rein und löst wohl die Wehmut in uns aus, wieder so sein zu wollen.

Je nach Haarfarbe hat man einen bestimmten Körperduft, der besonders dort wahrnehmbar ist, wo wir schwitzen und Haare haben: Kopf, Achseln und Schambereich. Ganz allgemein riechen Rothaarige scharf und brennend, Dunkelhaarige süßlich und ranzig, Blonde sauer und käsig. Riechen Sie doch mal das nächste Mal genau hin!

Erotik geht durch die Nase

In unserem Schweiß befinden sich auch Sexualduftstoffe, Pheromone genannt. Sie sind hormonähnliche Substanzen und wichtige Bestandteile unseres Dufts, denn sie lösen in unseren Mitmenschen oft erogene Wirkungen aus.

Mit jedem Atemzug in der Nähe eines Menschen, der intensiv Pheromone aussendet, werden Sie stimuliert, denn die Duftinformation trifft im limbischen System auf die Bereiche, die nicht nur über Sympathie oder Antipathie befinden, sondern auch Ihre Sinnlichkeit tangieren. Dabei werden im Körper Hormone ausgeschüttet, die uns sexuell angeregt stimmen.

Frauen strömen östrogenartige, Männer testosteron- und androstenolartige Düfte aus, wenn sie sexuell bereit sind. Interessanterweise nehmen Frauen Männerpheromone stärker wahr als Männer selbst.

Bei Frauen ist die Pheromonausschüttung an den fruchtbaren Tagen sehr stark und duftet für Männer besonders angenehm. Bei Einnahme der Pille treten diese Schwankungen nicht auf. Vor und während der Periode verändert sich dann der Körperduft gegenteilig. Durch die Benutzung aphrodisischer Düfte in Parfüms (die meisten haben solche Düfte) kann das natürliche Desinteresse des anderen Geschlechts an solchen Tagen überwunden werden.

Es kann geschehen, daß mehrere Frauen, die in einem Raum arbeiten, durch diese Duftsignale gleichzeitig ihre Periode bekommen. Das führt uns auf die Spur, daß Pheromone nicht nur Sexuallockstoffe sind, sondern vielmehr über uns aussagen, was auf einer unterbewußten Ebene verstanden wird.

Verschiedene Pflanzendüfte (Jasmin, Patchou-li, Sandelholz u. a.) oder Gewürzdüfte (Karda-mom, Zimt u. a.) regen unsere Sexualität an und können uns helfen, wenn wir in der Hetze der Zeit nicht mehr die Entspannung und Erotik in uns finden können, um eine sexuelle Begegnung zu genießen. Diese Düfte wirken auch in Fällen der Frigidität oder Impotenz über unseren Riech-sinn. Bei der Beschreibung der Anwendungen bin ich darauf weiter eingegangen.

Die Parfümindustrie nutzt Mischungen dieser Düfte, um den Duftkompositionen die erogene Note zu geben, die viele Menschen gleichsam anspricht. Zu den stärksten Düften zählen die tierischen Substanzen Zibet, Moschus oder Ca-storeum, die selbst in stärkster Verdünnung eroti-sierende Effekte erzielen. Sandelholz hat eine starke Ähnlichkeit mit Andosterol, einem männ-lichen Pheromon, und ist daher auch in vielen Herrenparfüms zu finden.

Und damit erklärt sich wohl auch das geheim-nisvolle Spiel zwischen Männern und Frauen, die sich treffen und plötzlich wie magnetisch angezo-gen fühlen: Beide senden sexuelle Bereitschaft und Lust durch ihren Körperduft oder ihr Parfüm aus.

Brücken des Glücksgefühls

Einige ätherische Öle lösen die Ausschüttung von Neurotransmittern aus. Das sind wichtige Neurochemikalien des Körpers, die das Nervensystem beeinflussen. Sie wirken sowohl über den Riechsinn als auch über die Haut bei Bad und Massage.

Sie sind vergleichbar mit körpereigenen Opiaten, die sich innerhalb von einigen Minuten abbauen.

Jedoch wird diese Ausschüttung bei der Aromatisierung der Raumluft, die einige Stunden durch eine Aromalampe mit entsprechenden Düften angereichert wird, oder durch ein Bad oder eine Massage so lange ständig neu angeregt, bis sich Ihr Riechsinn «satt» gerochen hat und nicht mehr auf die Düfte reagiert.

So lösen ätherische Öle z.B. über den Thalamus Enkephalin (Muskatellersalbei, Jasmin, Rose, Ylang-Ylang, Pampelmuse) aus, das Sie leicht euphorisch macht und bei Depressionen neue Lebensfreude auslöst oder bei starken Gefühlsschwankungen zur Stabilisierung der Gefühle führen kann.

Noradrenalin wird durch Wacholder, Kardamom, Lemongrass und Rosmarin ausgelöst, das Sie beleben und bei Lethargie und Langeweile ein natürliches Anregungsmittel ist, Ihre Motivation positiv beeinflußt und Schwung in Ihr Leben bringt.

Bergamotte, Weihrauch, Geranie und Rosenholz stimulieren über den Hypthalamus verschiedene Neurochemikalien, die bei Gemütsschwankungen, Furcht und leichten Depressionen ausgleichend wirken.

Basilikum, Zitrone, Minze und Rosmarin wirken über verschiedene Substanzen stärkend auf das Konzentrations- und Erinnerungsvermögen und helfen bei geistiger Erschöpfung, Verwirrung, mangelnder Kreativität – oft begleitende Erscheinungen von Depressionen, Kummer, Angst, Trauer und traumatischen Erlebnissen.

Serotonin wird durch Lavendel, Kamille, Majoran, Neroli, Weihrauch, Benzoe und Myrrhe ausgelöst. Diese Substanz ist nervenberuhigend. Angelikawurzel und Ylang-Ylang hemmen die Ausschüttung von Adrenalin und gehören somit auch zu den sedierenden Ölen.

Am interessantesten sind Endorphine, vor allem ausgelöst durch Jasmin, Muskatellersalbei, Ylang-Ylang, Rose und Patchouli, die Glücksgefühle, Entspannung, Schmerzfreiheit und Streßverminderung bewirken. Man kann sie am ehesten mit Opium, Kokain, Morphium oder Amphetaminen vergleichen, das sich ja viele Menschen besorgen, um sich wohl oder «high» zu fühlen.

Die Wirkungen der ätherischen Öle sind aber nicht «durchschlagend» und haben noch nie zu einer Abhängigkeit geführt. Die angenehmste

Wirkung ist eine wohlige Entspannung, die Sie die Hektik des Alltags, und was immer Sie bedrückt und negativ stimmt, gelassen betrachten läßt.

Einige Menschen haben nicht genügend Endorphine und leiden daher ständig unter Depressionen oder chronischen Schmerzen. Wenn Sie unter ständigem, starkem Streß leben, verringern sich Ihre Endorphine und damit auch Ihr Glücksgefühl und die Fähigkeit, sich zu entspannen. In diesem Fall können Sie sich auf natürliche, einfache Weise mit den entsprechenden Düften umgeben, die sanft auf Ihren unausgeglichenen Zustand einwirken.

In bestimmten Situationen erhöht sich der Endorphinspiegel in Ihrem Blut, um Sie «high» und schmerzfrei zu machen: Bei der Geburt steigt der Spiegel der Mutter um das Viereinhalbfache und fällt innerhalb der folgenden zwei Tage auf sein Normalniveau zurück.

Bei kurzfristigem Streß durch Gefahr, Aufregung, Spannung (Geldspiele, gefährliche Autoraserei, heftiges Streiten, heimliches Tun) steigen die Endorphine an. Deswegen begeben sich viele Menschen in solche Situationen – sie fühlen sich danach entspannt und genießen das Abklingen des Nervenkitzels. Beim Sport erhöht er sich, so daß wir oft erst später erstaunt feststellen, daß wir uns verletzt haben und keine Schmerzen spürten. Eine hitzige Auseinandersetzung endet damit, daß wir uns erstaunlicherweise sehr lebendig und wach fühlen.

Eine intensive Liebesnacht verursacht einen Endorphinrausch, so daß wir uns am nächsten Tag wundern, wie ekstatisch, energiegeladen, lebendig und zärtlich wir sein können ...

Die Erforschung dieses Gebietes ist noch in den Anfängen, doch es zeigt sich bei allen Menschen, die sich mit Wohlgerüchen umgeben, daß sie sich von solchen Ersatzhandlungen und -drogen leichter lösen können und ein ausgeglicheneres, froheres Temperament haben.

Allgemeines über ätherische Öle

Unsere Beziehung zu den Pflanzen kann man wohl am treffendsten damit beschreiben, daß wir von ihnen abhängig und aus ihnen entstanden sind. Sie sind unsere Nahrung, führen uns die wichtigsten Nährstoffe zu, erzeugen in uns Energie, gewährleisten das Leben vieler Lebewesen, die zu einem ausgeglichenen Zusammenspiel der Kräfte auf diesem Planeten notwendig sind, und produzieren den lebenswichtigen Sauerstoff.

Die ätherischen Öle aromatischer Pflanzen geben uns natürliche Heilmittel, die auf uns als Gesamtheit, also Körper, Geist und Seele, wirken. Sie tun dies, da wir als Menschen die Heilinformationen der Essenzen der Pflanzen verstehen, da wir ja vom Pflanzenreich abstammen, und in einen Heilprozeß umsetzen können.

So nehmen wir nicht nur die Heilinformationen für den Körper bei der Anwendung ätherischer Öle auf, sondern auch deren Wesensinformationen, die auf unsere Gefühle und Seele wirken. Grundsätzlich wirken die Düfte ätherischer Öle, besonders die der Blüten, stimmungserhellend, regen unsere Freude an oder versetzen uns in einen optimistischen Zustand. Warum? Wenn wir uns genau das Leben der Pflanzen ansehen, wer-

den wir niemals den Zustand der Lebensvernei-
nung, Furcht, Depression, Kummer, Zukunfts-
angst usw. finden. Sie wachsen auf den kargsten
Böden, unter glühender Sonne, in der kalten,
sauerstoffarmen Höhe der Hochgebirge, im
Dunst der Abgase neben Autobahnen und bah-
nen ihren Weg durch Asphalt und Beton, mit
dem wir Menschen die Oberfläche unserer Mutter Erde zudecken, um bequemer, sauberer und
schneller leben zu können. Diese Kraft und Lebensbejahung überträgt das ätherische Öl auf
uns.

Je mehr wir uns mit natürlichen Düften umgeben, desto empfänglicher werden wir für diese
Informationen der Pflanzen. Das kann ich Ihnen
garantieren.

Ätherische Öle (auch Essenzen genannt) sind
flüchtige, duftende Substanzen, die ein Produkt
des Pflanzenstoffwechsels sind. Man könnte sie
mit dem Blut im menschlichen Körper vergleichen. Sie sind auch zuständig für den Informa-
tionsaustausch mit Nachbarpflanzen, können Informationen mit Mikroorganismen austauschen,
locken Insekten (Bienen) bei Geschlechtsreife
durch den Duft an und wehren Tiere, Insekten
und unerwünschte Nachbarpflanzen, die ihnen
Licht und Nährstoffe nehmen könnten, durch
ihren Duft ab.

Auf der anderen Seite senden sie Duftsignale
an Mikroorganismen und Insekten, die abster-

bende Pflanzen, Blätter, Bäume und faulende Früchte zersetzen und damit die Natur gesund erhalten. Es wird vermutet, daß der Duft einer Pflanze der geheimnisvolle Informationsträger ist, mit dem sich Pflanzen Botschaften senden können, um Nachbarpflanzen über ihren Gesundheitszustand, Bodenbeschaffenheit an ihrem Platz und mögliche Krankheiten aufmerksam zu machen.

Die Pflanzen bilden die ätherischen Öle in Ölzellen und Drüsenhaaren und speichern diese in bestimmten Teilen: Blätter, Blüten, Beeren, Fruchtschalen, Kernholz, Harze und Wurzeln. Innerhalb der Pflanze wandern die ätherischen Öle innerhalb eines Tagesrhythmus zwischen Teilen der Pflanze hin und her. Diese Tatsache bestimmt den Zeitpunkt der Ernte einer Pflanze. Da sich das Öl grundsätzlich sehr konzentriert in bestimmten Teilen der Pflanze aufhält, werden auch nur die Teile genommen, die besonders viel Öl enthalten.

Zum Beispiel befindet sich das ätherische Öl der köstlichsten Düfte in den Blüten, dem Gesicht der Pflanze, und ist bei einigen Blüten (Jasmin) bei Dunkelheit dort besonders konzentriert zu finden. Deswegen werden solche Blüten auch bei Sonnenaufgang geerntet.

Grundsätzlich gewinnt man das ätherische Öl durch ein Brechen der Zellwände. Dazu gibt es verschiedene Verfahren. Die Verfahrenswahl wird durch die Beschaffenheit des Pflanzenmaterials, der Menge der in der Pflanze enthaltenen Öle und die qualitativen Ansprüche an das Endprodukt bestimmt.

Zitrusöle werden in dem preiswerten und schonenden Verfahren der **Pressung** gewonnen. Dabei werden sie nicht erhitzt und erleiden keinen Qualitätsverlust oder Veränderung ihrer Zusammensetzung. Durch Auspressen unbehandelter Fruchtschalen gewinnt man Bergamotte, Zitrone, Orange, Pampelmuse, Mandarine und Limette. (Limette wird auch destilliert.)

Pflanzen, die einen sehr geringen Anteil an ätherischem Öl, empfindliche Öle (die in einem anderen Verfahren nicht schadlos isoliert werden können) oder schwerflüchtige, harzige Substanzen haben, werden durch **Extraktion** gewonnen. Die Extraktion erfolgt durch chemische Lösungsmittel wie Hexan, Petrolether, Toluol, Alkohol u.a. Gelegentlich erfolgt die Lösung unter Druck mit Gasen wie Butan oder Kohlendioxid. Blüten, wie z. B. Jasmin, werden in das Lösungsmittel «eingeweicht» und erwärmt. Dadurch löst sich das ätherische Öl aus der Blüte und wird anschließend von dem Lösungsmittel getrennt.

Bei der seltenen **Enfleurage**, einer Variante der Extraktion, die für die Gewinnung von feinen, schwer isolierbaren Blütenölen angewandt wird, streut man frisch gepflückte Blüten auf mit tierischem Fett beschichtete Glasplatten. Das Fett absorbiert den Blütenduft und wird anschließend durch Alkohol von den ätherischen Ölen getrennt.

Das älteste und schonendste Verfahren ist die **Destillation**; ein preiswertes Verfahren zur Gewinnung eines reinen und rückstandsfreien Öls. Dabei unterscheidet man die Wasserdampfdestillation und die Vakuumdestillation ohne Wasser, nur mit Hitze. Diese Verfahren werden für Pflanzen mit einem hohen Anteil ätherischer Öle (Pfefferminz) angewendet oder um ein möglichst unbeschadetes Öl zu gewinnen. Die damit gewonnenen Öle sind hochwertig, rein und preiswerter als extrahierte Öle.

Die Ausbeute von ätherischen Ölen ist allgemein gering. Für 10 ml Öl, das die handelsübliche Menge, die von den meisten Händlern an Endverbraucher angeboten wird, braucht man z. B. bis zu 300 g Majoran oder 1 kg Muskatellersalbei oder 600 g Rosmarin oder 50 kg Rosenblätter!

Absolute Öle, also ätherische Öle, die den Zusatz «absolut», «absolue» oder «essence absolue» tragen, sind die teureren Öle, mit starker Duftintensität und Konzentration. Dazu zählen Cassie, Eichenmoos, Honig, Hyazinthe, Jasmin, Mimose, Narzisse, Rose (auch destilliert erhältlich), Tuberose, Veilchen u. a. Von diesen Düften brauchen Sie nur geringste Mengen. Bereits ein Tropfen reines Rosenöl in der Aromalampe kann die Energie eines Raumes und Ihr Gemüt verändern.

Bei der Gewinnung des ätherischen Öls widersetzen sich einige sehr hoch schwingende Öle wie Flieder bzw. verliert das Öl an Originalität wie bei Jasmin und Gardenie. Versucht man es zu fassen, löst es sich auf wie das Glück. Diese Pflanzen haben scheinbar nur einen sehr schwachen Kontakt zur physischen Welt. Ihr ätherisches Öl möchte zum Äther aufsteigen und sich im Unendlichen auflösen.

Ätherische Öle sind dünnflüssig (Lavendel), dickflüssig (Sandelholz) oder fest (Tonka). Ihre Farben variieren von meistens Klar bis Dunkelbraun, Grün, Dunkelrot oder Blau. Sie sind stofffärbend, so daß man farbige Öle besser nicht direkt mit Kleidungsstücken in Verbindung bringt.

Sie heißen zwar Öle, sind aber nicht fettend. Sollten sie einen Fettfleck (nicht zu verwechseln mit einem Farbfleck) hinterlassen, sind sie nicht rein! In Verbindung mit Luft verdunsten sie verschieden schnell. Deshalb sind ihre Flaschen auch immer sofort gut zu verschließen. Sie sind lichtempfindlich (UV-Strahlung) und wärmeempfindlich. So bewahrt man sie am besten in dunkelbraunen Flaschen an einem kühlen Platz auf. Also nicht in die Sonne oder die Nähe der Heizung stellen!

Aufgrund ihrer hohen Schwingung nehmen ätherische Öle keine Strahlung auf, so daß wir hier ein seltenes Heilmittel finden, das uns keine Strahlenschäden durch seine Anwendung zufügen kann.

Badeöle, Massageöle und Parfüms, die ätherische Öle enthalten, sollten ebenso in dunklen Flaschen kühl aufbewahrt werden. Plastikflaschen sind nicht empfehlenswert, da ihre Substanzen zu einer Reaktion mit ihren natürlichen Substanzen führen. Bewahren Sie diese unverfälschte, reine Natur in natürlichen Gefäßen aus Glas, Porzellan oder Ton auf.

Wenn die Essenzen mit Feuer in Verbindung kommen, können sie sich entzünden. Das können Sie gut beobachten, wenn Sie die Schale einer Orange über der Kerzenflamme auspressen oder Tannenzweige ins Kaminfeuer werfen. Was da so geräuschvoll verbrennt, sind die ätherischen Öle.

Zitrusöle sind mindestens ein halbes Jahr haltbar, dann verlieren sie ihre Wirkung und allmählich etwas von ihrer Duftintensität. Alle anderen Öle kann man bis zu drei Jahre aufbewahren, ohne ihre Wirksamkeit einzubüßen. Einige Düfte reifen noch in der Flasche wie ein guter Wein.

Diese Essenzen sind hoch konzentriert und nicht mit einem Kräuterauszug zu vergleichen. Die erforderliche Menge ätherischer Öle in der Therapie ist daher gering. Bei einigen stark duftenden Essenzen sollten Sie sehr sparsam dosieren. Entsprechende Anmerkungen finden Sie bei der Beschreibung der einzelnen Öle.

Die Beachtung der Qualität eines ätherischen Öls ist wichtig, da nur ein natürliches, unverfälschtes Öl die Wirkung hervorrufen kann, die ihm zugeschrieben wird.

Neben den reinen Ölen finden Sie im Laden leider auch gestreckte, synthetische oder falsche Öle. Die gestreckten sind mit Oliven- oder Mandelöl gemischt, die synthetischen sind im Labor entstanden und haben niemals eine Pflanze gesehen, und die falschen sind aus Mischungen ähnlich duftender Essenzen entstanden. Dann gibt es noch Parfümöle, die alle vorgenannten Kriterien enthalten können, also nicht für die Therapie verwendet werden.

Synthetische Öle werden hauptsächlich für die Industrie hergestellt. Sie braucht große Mengen zu einem niedrigen Preis, um Parfüms und Kosmetik preiswert herstellen zu können. Lebensmittel, Konsumgüter, Wasch- und Putzmittel brauchen ebenfalls synthetische Duftstoffe, um ihnen einen ansprechenden Duft zu geben. Wenn die Industrie natürliche Essenzen verwenden würde, blieben bei dem hohen Verbrauch von Duftstoffen in der Industrie keine ätherischen Öle zu einem erschwinglichen Preis für die Aromatherapie übrig.

Die Qualitätsunterschiede spiegeln sich entsprechend im Preis wider. Ein reines natürliches Öl, möglichst von Pflanzen aus kontrolliert biologischem Anbau oder Anbaugebieten, die eine geringe Schadstoffbelastung haben und nicht mit Pestiziden behandelt sind, ist teurer als sein synthetisches oder gestrecktes Gegenstück im Regal des Ladens.

Mit den synthetischen Ölen kann man keine psychischen Veränderungen bewirken, da sie einerseits keine Lebenskraft haben, nach meiner Erfahrung nicht über den Riechsinn wie ein natürliches Öl wirken und grundsätzlich kein natürlicher Duft komplett kopiert werden kann. Einige Öle haben mehr als 200 Substanzen, manchmal in minimaler Menge, und oft sind alle Substanzen eines Öles nicht einmal bekannt. Die gestreckten oder gemischten Öle haben zwar Heilkraft, aber nur ihre unveränderte Originalität garantiert voraussagbare Wirkungen.

Hier einige Testmöglichkeiten:
1. Fühlen Sie das Öl zwischen zwei Finger? Ist es ölig oder fettig, dann ist es wahrscheinlich mit Oliven- oder Mandelöl verlängert. Wenn das ätherische Öl auf dem Badewasser schwimmt, ist das aber richtig, denn es löst sich nicht in Wasser auf.
2. Geben Sie einen Tropfen ätherisches Öl auf ein Blatt Papier. Bleibt nach dem Verdunsten ein öliger Fleck, dann handelt es sich um ein gestrecktes Öl.
3. Geben Sie einen Tropfen ätherisches Öl auf ein Glas Wasser. Löst sich das Öl auf und hinter-

läßt sogar eine milchige Spur, dann haben Sie ein synthetisches Öl mit Emulgatoren. Emulgatoren machen ätherische Öle wasserlöslich.

4. Wenn das Öl nach Alkohol duftet, dann ist es mit Äthylalkohol verlängert. Diesen Duft finden Sie bei den meisten Schnäpsen.

Nach einiger Zeit des Benutzens und Riechens von ätherischen Ölen werden Sie Ihren Riechsinn wieder geschärft haben und sicher herausriechen, welches Öl rein ist.

Es gibt genügend Hersteller, welche die Reinheit ihrer Produkte garantieren und damit die Suche und Wahl erleichtern. Prüfen Sie also die angebotenen Öle im Laden kritisch, und vergleichen Sie deren Düfte und Preise.

Benutzung

Ätherische Öle dürfen nur in verdünnter Form auf die Haut aufgetragen oder sehr hoch verdünnt eingenommen werden. Ausnahmen bilden emotionale oder nervliche Schocks oder z. B. eine Herzattacke, wobei man pures Rosmarinöl reichlich oberhalb des Herzens einreibt. Solche Ausnahmen werden in den Anwendungen beschrieben.

Sie dürfen niemals in die Augen und nur hochverdünnt auf die Schleimhäute kommen. Es ist ein Fehlschluß, daß eine große Menge von Essenzen eine schnelle Wirkung hat. Gerade im emo-

tionalen Bereich wirken feine Düfte wesentlich besser.

Die Menge der Öle, die Sie in den Rezepten und Anwendungen finden, ist mit der Anzahl der Tropfen angegeben. Bei festen Ölen ist die gewünschte Menge mit einem Stäbchen aus der Flasche zu entnehmen.

Einschränkungen

Hautreizung *kann* auftreten, wenn im Badeöl oder Massageöl folgende Öle enthalten sind: Basilikum, Melisse, Nelke, Orange, Minze, Rosmarin, Zedernholz, Zitrone.

Empfindliche Haut wird grundsätzlich durch diese Essenzen gereizt. Höhere Dosierungen von mehr als vier Tropfen im Bad oder fünf bis zehn Tropfen auf 50 ml Pflanzenöl *können* auf jeden Hauttyp reizend wirken.

Bei **Bluthochdruck** sollen Rosmarin und Ysop in Bädern und Massagen sehr gering dosiert werden.

Bei **Epilepsie** sind Fenchel und Ysop nicht zu benutzen.

Bei **Schwangerschaft** sind die folgenden, abortiv wirkenden Öle nicht in sehr hohen Dosierungen in Bädern und Massagen zu benutzen und nie einzunehmen: Basilikum, Eisenkraut, Jasmin, Minze, Myrrhe, Nelke, Rose, Wacholder, Weihrauch, Ysop, Zedernholz, Zimt.

Schwach zu dosieren sind in den ersten Monaten: Fenchel, Geranie, Muskatellersalbei, Rosmarin.

Bei einer **homöopathischen** Behandlung sollten Sie auf die Verwendung bestimmter ätherischer Öle, insbesondere Minze, Kampfer, Ysop, verzichten. Die Duftlampe können Sie unbedenklich weiterbenutzen, wenn Sie sich eine angenehme Atmosphäre zuhause schaffen wollen.

Kinder sollten mit einer wesentlich geringeren Dosis ätherischer Öle als Erwachsene behandelt werden. Der kindliche Organismus ist weitaus empfänglicher für die hochkonzentrierten Öle. Zwei bis drei Tropfen eines beruhigenden, wohlduftenden Öls im Bad oder auf dem Kopfkissen sind meistens ausreichend, um nervöse, verängstigte oder aufgedrehte Kinder zu beruhigen. Bewahren Sie Ihre Öle gut geschützt vor Kindern auf. Ein Fläschchen Orangenöl mag zu verführerisch duften und zum Trinken verleiten.

Darüber hinaus haben noch andere Öle Nebenwirkungen bei vorgenannten Symptomen, die aber nicht in diesem Buch angewendet werden. (Siehe dazu «Handbuch der ätherischen Öle», Goldmann-Verlag.)

Wirkungen

Ätherische Öle wirken auf den Körper, den Geist und die Psyche. Sie treten bei einer Massage oder einem Bad nach etwa 15 bis 20 Minuten in den

Körper ein. Über den Riechsinn wirken sie unmittelbar auf das Gehirn ein und lösen damit eine
Veränderung des emotionalen Zustands aus, der
sich jedoch erst später stark bemerkbar macht.
Oft habe ich bemerkt, daß sich meine Klienten
sofort entspannter und wohler fühlten, jedoch
erst nach dem Verlassen der Praxis in einem
völlig veränderten Zustand wiederfanden. Die
bewußte Wahrnehmung der Veränderung des
emotional-seelischen Zustands tritt oft erst dann
ein, wenn man sich wieder in seiner gewohnten
Umgebung befindet und seiner normalen Betäti-
gung nachgeht.

Die Wirkung der Öle kann bis zu einigen Tagen
anhalten, auch wenn sie innerhalb von drei bis
vier Stunden den Körper wieder verlassen haben.
Dadurch, daß wir uns in einem entspannten und
freudigen Zustand (mit Hilfe der Düfte) befinden, wird unser Bewußtsein daran erinnert, daß
wir von unseren Sorgen, Depressionen und Äng-
sten loslassen können und die Möglichkeit haben,
genau das Gegenteil zu leben.

Die Reaktion des Körpers auf neurochemische
Botschaften und Hormone und damit die Veränderung der Emotionen, ausgelöst durch ätherische Öle, die durch die Haut in den Körper
eindringen und vom Blutkreislauf aufgenommen
werden oder durch den Riechsinn direkt auf das
Gehirn einwirken, ist abhängig vom Stoffwechsel
und Kreislauf jedes Menschen. Der Stoffwechsel

und die Beschaffenheit der Haut (wichtig bei Massage und Bad) eines Menschen, der sich vegetarisch und ausgewogen ernährt, unterscheiden sich verständlicherweise von denen eines bewegungsarmen Menschen, der viel Fett, Fast-food, Alkohol, Koffein und Nikotin zu sich nimmt. Je gesünder man lebt, desto schneller und wirksamer sind die Einflüsse der ätherischen Öle.

Sehr wichtig ist das Vertrauen in das Heilmittel, die Behandlung und der Wunsch, den emotionalen Zustand verändern zu wollen. Sind diese Punkte nicht gegeben, ist eine erfolgreiche Behandlung nicht möglich.

Bei der Behandlung der Gefühle und der Grundstimmung ist man ja oft damit beschäftigt, lebenslange Muster zu behandeln, die sich nicht mit einer einmaligen Behandlung verändern können. Das braucht Zeit. Es kann Wochen und manchmal Monate dauern. Aber es wird sich auszahlen, den sanften, natürlichen Weg zu gehen.

Angenehme Nebenwirkungen

Ein neues Fachgebiet der Medizin und Psychologie, die Psycho-Neuro-Immunologie, das besonders in den USA betrieben wird, erforscht die Wirkungen des menschlichen Wohlbefindens, der Gefühle, der Gedanken und der seelischen Situation auf die Widerstandskräfte – das Immunsystem. Nach Forschungsberichten der Universität von Stanford und vielen Instituten ist nachgewiesen, daß unser Immunsystem sehr davon beeinflußt wird, wie wir über uns denken, wie wir uns fühlen und wie sich unsere Seele fühlt.

Bestimmt kennen auch Sie eine Phase aus Ihrem Leben, wo Sie ausgerechnet dann, als Sie sich in einer emotionalen Streßsituation befanden, auch noch zusätzlich körperlich erkrankten. Das waren keine Zufälle. Negatives Denken, Angst, Depression, Unruhe, Selbstzweifel, Trauer, mangelndes Selbstwertgefühl usw. regen Ihr Immunsystem nicht zu voller Leistungsbereitschaft an, sondern vermindern sein Wirkungspotential.

Ihr Gehirn ist in der Lage, jeden Zustand des Körpers zu verändern. Der Geist steht über der Materie! Durch das Aussenden von Neurotransmittern und Peptiden (nicht nur) an Immunzellen werden diese in ihrer Arbeit «angeregt» oder «verlangsamt». Ja, man könnte sogar sagen, daß sie sich freuen oder traurig sind.

Und umgekehrt senden Immunzellen und Organe ihre Neurotransmitter aus, die unsere Gefühle beeinflussen. Durch diese Botenstoffe «unterhalten» sich Körper und Geist. Sie sind eine untrennbare Einheit, in der jedes auf alles einwirkt.

Wenn also Gedanken das körperliche Wohlbefinden (denken Sie nur einmal an den euphorischen Zustand des Verliebtseins oder die innere Ruhe und Entspannung durch eine Meditation) und Gesundheit derart kontrollieren können, dann spielen entspannende, stimmungserhellende und euphorisierende Düfte eine wichtige Rolle für unsere körperliche Gesundheit.

Von vielen Pflanzendüften, besonders der Blüten, ist bekannt, daß sie bei der Wahrnehmung Freude und Wohlbefinden auslösen. Das ist für mich der wichtigste Effekt der Aromatherapie. Sie wirkt über den Geist (das Gehirn) auf Körper und Seele. Lebensfreude, Lebensbejahung, Zuversicht, Mut, Kreativität, Liebe – die fundamentalen Voraussetzungen für körperliches Wohlbefinden und starke Selbstheilungskräfte – können durch Düfte stimuliert werden.

Ein gesunder Geist hat einen gesunden Körper. Nach diesem Grundsatz sollten Sie die Wirkungen der Düfte auf den Geist betrachten. Sie wirken auf die Ursache vieler Krankheiten, die auf einer Schwächung des Immunsystems beruhen. Erfreuen Sie Ihre Immunzellen mit stimmungserhellenden Düften wie Bergamotte, Rose, Jasmin, Neroli, Pampelmuse, Muskatellersalbei – oder «Ihrer» Duftmischung, bei denen Ihnen das Herz aufgeht.

Anwendungs-möglichkeiten

Die Duftlampe oder Aromalampe ist eine der einfachsten Möglichkeiten, Düfte anzuwenden. Sie hat meistens eine formschöne, zylindrische Form. In ihrem Unterteil befindet sich eine Kerze oder Glühlampe und ihrem Oberteil ein Wasserbehälter, der durch die Wärmequelle erhitzt wird. Dieser Wasserbehälter soll mit warmem Wasser (damit der Verdunstungsprozeß unmittelbar einsetzt) und ätherischen Ölen gefüllt werden. Mit dem verdunstenden Wasser steigen auch die Duftmoleküle auf und aromatisieren die Raumluft.

Neben der Duftlampe tut es auch eine Wasserschale, die an einem warmen (nicht heißen!) Platz steht.

Der entstehende Duft verändert die feinstoffliche Atmosphäre im Raum. Deshalb ist sie sehr hilfreich, um Stimmungstiefs, geistige Erschöpfung, Streß, Schlaflosigkeit usw. bequem zu beeinflussen. Räume, in denen Angst, Aggression, Wut, Haß, Gewalttätigkeit und Schmerz stattfinden, sind für lange Zeit mit diesen Schwingungen gefüllt. Wir nehmen diese wahr und werden durch sie beeinflußt. Gehen Sie einmal durch einen Schlachthof oder ein Gefängnis!

Durch Düfte können Sie die Atmosphäre reinigen. Myrte, Salbei, Wacholder, Weihrauch und Zeder sind gute Düfte für diesen Zweck. Ein entspannender, schöner Duft im Schlafzimmer wird Sie sanft ins Reich angenehmer Träume bringen. Hier sind Ylang-Ylang, Rose, Neroli, Orange, Muskat oder Lavendel hilfreich.

Nehmen Sie bis maximal 15 Tropfen ätherische Öle. Die Menge richtet sich nach der Duftintensität der Öle und der Raumgröße. Drei Tropfen Ylang-Ylang werden ein durchschnittliches Wohnzimmer bereits stark mit dessen Duft anreichern und lange wahrnehmbar sein. Von schnellflüchtigen Ölen wie Pfefferminz können Sie dagegen mehr in die Duftlampe tropfen. Sie werden schnell das richtige Maß finden. Wie bei allen anderen, folgenden Methoden gilt für die Behandlung der Psyche: Feine Düfte, d.h. geringe Mengen Öle, wirken besser.

Therapeuten sollten die regelmäßige Anwendung der Duftlampe durch den Klienten als Ergänzung ihrer Praxisarbeit in Betracht ziehen. Das fördert die Eigeninitiative und erinnert den Klienten an sein Ziel, den Gefühlszustand oder Seinszustände verändern zu wollen. Hier ist der Erinnerungseffekt sehr wirkungsvoll.

Tips: Benutzen Sie nicht ständig die Duftlampe. Die übermäßige Stimulation mit Düften kann ein Gefühl der Übelkeit und Nervosität verursachen. Reinigen Sie den Wasserbehälter Ihrer

Duftlampe regelmäßig, damit Sie immer frische Düfte wahrnehmen.

Die **trockene Inhalation** ist praktisch, wenn Sie sich nicht zuhause aufhalten. Geben Sie einige Tropfen Öle auf ein Taschentuch, während Sie in Zug, Flugzeug, U-Bahn usw. sitzen. Einige tiefe Atemzüge werden Körper, Geist und Seele stimulieren und Ihre Stimmung verändern.

Die Inhalation ist besonders bei plötzlichen, starken und schmerzhaften Einwirkungen wie Schock, Panik, Hysterie das beste und schnellste Mittel, um sich und anderen zu helfen.

Wenn Sie immer ein Fläschchen mit «Ihrer» Duftmischung mit sich führen, können Sie überall Gefühlsattacken mildern. Schon das Wissen um die Nähe des duftenden Hilfsmittels vermittelt vielen ein beruhigendes Gefühl.

Das Aromabad mit ätherischen Ölen ist die angenehmste Art, sich etwas Gutes zu tun. Allein das Ruhen in warmem Wasser versetzt uns in den Zustand der Entspannung, des Abschaltens des geschäftigen Geistes, des Reflektierens über die Geschehnisse des Tages.

Körper, Geist und Seele werden hierbei gleichzeitig gepflegt. Selbst ohne therapeutische Hintergedanken macht die Zugabe von wohlriechenden Düften dann aus dem gewöhnlichen Bad eine Besonderheit. Es kann zu tiefer Entspannung, ganzheitlichem Wohlbefinden und Heilung der Gefühle führen.

Bei einer langfristigen therapeutischen Behandlung steht das regelmäßige Aromabad an erster Stelle, denn keine Anwendungsmöglichkeit ist so angenehm und kraftvoll. Die ätherischen Öle werden hierbei nicht nur eingeatmet, sondern dringen auch innerhalb von 15 bis 20 Minuten in die Haut ein. Damit gelangen sie in den Blutkreislauf und entfalten ihre Heilwirkungen stark, denn durch das Einatmen gelangen nur wenige Moleküle über die Lunge in den Körper. Nehmen Sie sich Zeit, erwarten Sie keine sofortige Veränderung oder Besserung. Oft stellt man erst nach dem Bad fest, daß man nicht mehr nervös, verspannt, melancholisch oder depressiv ist.

Beim Aromabad kann man 6 bis 15 Tropfen einer Mischung ätherischer Öle anwenden. Dabei ist zu beachten, daß einige Öle hautreizend sind und in geringer Dosierung angewendet werden sollen. Ein guter Test ist, einen Tropfen Öl in die Innenseite der Armbeuge zu geben. Die Reaktion der Haut (Rötung, Quaddelung) gibt Ihnen Aufschluß, ob Sie das Öl vertragen.

Sollten Sie sich in aromatherapeutischer Behandlung befinden, werden Sie von Ihrem Therapeuten bereits eine fertige Mischung für Ihr Bad haben. Ansonsten suchen Sie sich in Kapitel «Symptome» die entsprechenden Öle aus. Je stärker eine Öl duftet (z. B. Rose, Jasmin, Ylang-Ylang, Moschuskörner), desto weniger sollten Sie davon nehmen.

Da ätherische Öle sich nicht in Wasser auflösen, brauchen Sie einen Emulgator. Natürliche Emulgatoren sind Honig, Sahne, Flüssigseife, Obstessig. Verrühren Sie, während das Wasser einläuft, in einem Töpfchen bis zu vier Eßlöffel Emulgator mit bis zu 15 Tropfen ätherische Öle. Geben Sie diese Mischung in die volle Wanne (nicht während das Wasser einläuft, nicht unter den Wasserstrahl), und verrühren Sie diese mit langsamen Bewegungen.

Sehr empfehlenswert ist auch eine Mischung von Honig (hautfreundlich, heilend) und Pflanzenöl (Mandelöl, Jojobaöl), das rückfettend wirkt und nach dem Bad wie eine Lotion Ihre Haut pflegt. Dadurch wirken die ätherischen Öle nach dem Bad weiter.

Die Massage gibt uns die Gelegenheit, zu berühren und berührt zu werden. Alle Menschen brauchen Tasterfahrungen mit anderen Menschen. Die Befriedigung dieses Grundbedürfnisses wird in der Aromatherapie mit heilenden und stimulierenden Essenzen verbunden und führt dadurch zu einer tiefgehenden Beeinflussung der Gefühle.

Die Massage sollte mit langsamen, gleichmäßigen Bewegungen ausgeführt werden, denn die Behandlung der Gefühle erfordert zuerst einmal eine Entspannung und Öffnung des Wesens. Wenn dies erreicht ist, sind wir bereit, das «Wesen» Heilpflanze in uns aufzunehmen und uns von ihm auf tiefster Ebene berühren zu lassen.

Für Massageöle brauchen Sie Basisöle:

Mandelöl	– Haltbarkeit: 10 Monate
Haselnußöl	– Haltbarkeit: 8 Monate
Aloeöl	– Haltbarkeit: 8 Monate
Jojobaöl	– Haltbarkeit: unbegrenzt

fertige Body Lotions.

Als Anfänger werden Sie sich erst einmal die ätherischen Öle kaufen, die Ihnen am besten gefallen, d. h. deren Duft Ihnen zusagt. Als Therapeut brauchen Sie da schon mehr Grundausstattung. Zirka 25 Öle sollten Sie haben – das erlaubt Ihnen 15 000 Kombinationsmöglichkeiten von drei verschiedenen Essenzen.

Für die Massagepraxis kann man mit bereits sechs Standardmischungen die häufigsten emotionalen und geistigen Zustände behandeln. Natürlich wird man sich in diesem Fall gleich größere Mengen (Vorratsflaschen 100 ml) mischen. Je nach Fall wende ich solche Standardmischungen auch an, lasse den Klienten aber mit seiner/ihrer individuellen Mischung, die durch Gespräch und Riechtest herausgefunden wird, später zuhause sich selbst weiter behandeln.

Die echte Aromatherapie bedeutet aber: Jeder Patient erhält eine individuelle Mischung frisch zubereitet, die dem momentanen Zustand angepaßt ist. Dabei ist eine einprozentige Mischung herzustellen, z. B. 20 ml Basisöl und zehn Tropfen ätherische Öle. Auch hier gilt: Je feiner der Duft, desto eher erreicht er die Seele.

Der Patient nimmt abschließend die Duftmischung mit nach Hause, die er/sie während der Massage empfangen hat, um sie in Duftlampe und Bad selbst zu benutzen.

Es können auch unverdünnte ätherische Öle aufgetragen werden, wenn der emtionale Zustand einen kritischen Punkt erreicht hat oder eine Schocksituation vorliegt, die das notwendig macht. So z.B. die Einreibung des Herzens mit unverdünntem Rosenöl bei traumatischen Erfahrungen oder Rosmarinöl bei Herzschwäche und -rhythmusstörungen oder Rückenmassage mit Lavendel bei starker Aufregung.

Eine Abkürzung der normalerweise 20 Minuten, die Essenzen brauchen, um vollständig in die Haut einzudringen: Tragen Sie unverdünntes Öl reichlich in den Armbeugen auf, und winkeln Sie die Arme an, so daß die Essenz nicht verfliegen kann. An diesen Stellen sind die Haut und das Gewebe besonders dünn und durchlässig.

Besonders bei den Massagemischungen ist auf die Hautverträglichkeit und den Gesamtzustand des Körpers zu achten: empfindliche Haut, Bluthochdruck, Epilepsieveranlagung usw. Bitte beachten Sie die Hinweise auf Seite 59 (Einschränkungen).

Natürlich muß man nicht einen Therapeuten haben, um eine Entspannungsmassage zu erhalten. Lassen Sie sich von Freunden, Partnern, Geliebten Ihre Massage geben, und verwöhnen

Sie andere damit, wenn Sie merken, daß jemand eine liebevolle Berührung und Hilfe braucht. Stellen Sie sich Ihre individuelle Mischung her – vielleicht eine Vorratsflasche: 100 ml Basisöl, 40 Tropfen ätherische Öle. In einer dunklen Flasche aufbewahrt und vor Hitze geschützt, wird der Inhalt sechs bis acht Monate haltbar sein.

Wenn ich Menschen massiere, nehme auch ich die Düfte wahr und werde stimuliert. Damit erhalte ich jedesmal ebenfalls eine Aromatherapie-Behandlung. Oft wird der ständig plappernde Geist ganz leise. Ich betrachte den Körper auch nicht mehr beurteilend und denke darüber nach, was ich jetzt machen soll. Ich lasse meine Hände einfach über die Haut gleiten und fühlen. Es ist jedesmal eine sehr schöne Meditation, bei der sich zwei Wesen ohne Worte treffen. Ich wünsche Ihnen dieses Erlebnis der Stille und des Friedens, wenn Sie eine Massage geben und erhalten.

Parfüm benutzt man normalerweise, um auf die Mitmenschen durch einen Duft in bestimmter Weise einzuwirken: Man duftet frisch, süß, herb, klar, männlich, mädchenhaft, erotisch usw. Wie auch immer, wir möchten entweder unsere Persönlichkeit unterstreichen, damit jeder auch riechen kann, was man ist, oder uns in einem anderen Gewand präsentieren, daß uns begehrenswerter, sympathischer, freundlicher erscheinen läßt. Ein bißchen Theaterspiel ist da schon enthalten.

Aber darum geht es bei dem Parfüm nicht, das wir hier betrachten wollen. Bei der Beeinflussung Ihrer Emotionen und feinsten seelischen Zustände geht es in erster Linie darum, daß **Sie** sich mit Hilfe einer Duftmischung wohl fühlen. Die anderen Aspekte des Parfüms sind: Ausgleich des Wesens – Yin und Yang – innere Harmonie – Stabilität der Gefühle – langfristige Behandlung psychischer Zustände.

Das Parfüm bietet sich deshalb an, weil Sie es bequem «tragen» können und über lange Zeit von seinem Duft stimuliert werden. Düfte klopfen dann ständig an die Türen Ihres Herzen oder Ihrer Seele, einer spricht Ihnen vielleicht Mut zu, ein anderer kann Sie erheitern oder läßt Sie mit den Düften in den Himmel fliegen.

Der Aromatherapeut wird seinen Klienten immer eine maßgeschneiderte Mischung machen, die sie dann möglichst regelmäßig benutzen: Im Bad, als Inhalation, in der Duftlampe. Diese Mischungen werden ausschließlich aus ätherischen Ölen hergestellt.

Beim Parfüm muß jedoch mit einem Basisöl gemischt werden, da es auf die Haut aufgetragen wird. Als bestes Öl empfiehlt sich Jojobaöl, da es nicht ranzig werden kann, keinen Eigengeruch hat und gut als Fixativ wirkt.

Um sich ein Parfüm herzustellen, muß man kein Aromatherapeut oder begnadeter Parfümeur sein. Die Herstellung ist sehr einfach, nur

beim Mischen muß man einige Regeln beherr-
schen, die anschließend erläutert werden.

Für die Herstellung Ihres Parfüms nehmen Sie
ein dunkelbraunes Fläschchen, am besten 10 ml.
Das füllen Sie fast vollständig mit Jojobaöl und
geben dann bis zu 20 Tropfen ätherische Öle
dazu. Wenn Sie nur intensive und schwerflüchtige
Basisdüfte nehmen, werden Sie natürlich viel weniger ätherische Öle brauchen.

Tropfen Sie erst einmal wenige Tropfen jedes
Öls in die Flasche, verschütteln sie kräftig, und
testen Sie das Resultat auf Ihrer Haut. Nun kön-
nen Sie die Mengen erhöhen, wenn Sie mit der
Duftstärke nicht zufrieden sind. Lassen Sie Ihre
Mischung mindestens zehn Tage ruhen.

Die Einzeldüfte werden sich auflösen und ein
neues Duftwesen bilden. Dann ist das Parfüm
reif, und Sie können es genießen.

Tragen Sie Ihr Parfüm regelmäßig, besonders
an den Tagen, wo Sie spüren, die schützende,
belebende oder erdende Energie des Duftes besonders zu brauchen. Ich trage es manchmal kurz
vor dem Schlafengehen auf, damit meine letzten
Wahrnehmungen von angenehmer, inspirieren-
der Art sind.

Wichtige Hinweise

Nach dem Baden oder der Massage sollten Sie
ruhen und sich nicht in das Leben stürzen. Am

besten fahren Sie nicht mit dem Auto, seien Sie zumindest sehr aufmerksam.

Nach einer solchen Behandlung sind körperlich und geistig anstrengende Arbeiten lieber zu unterlassen. Genießen Sie Ihren Zustand der Entspannung und Ruhe – meistens passiert etwas Wichtiges auf sehr tiefer Ebene erst nach der Therapie. Verpassen Sie nicht den Moment, weil Sie unbedingt noch etwas tun glauben zu müssen.

Trinken Sie keinen Alkohol nach Bad oder Massage. Insbesondere wenn Sie Muskatellersalbei angewendet haben.

Unmittelbares Baden oder Duschen nach der Massage wäscht die wertvollen Essenzen von Ihrer Haut und mindert Ihre Wirkungen.

Wenn Sie sich ein Parfüm gemacht haben oder von Ihrem Aromatherapeuten erhalten haben, sollten Sie nur dieses verwenden und nicht zwischendurch andere Parfüms, eaux de Cologne usw. benutzen.

Gehen Sie nicht stark parfümiert zu einer Aromatherapiemassage. Sie werden dann nicht viel riechen und erleben.

Machen Sie keine Farbtherapie nach einer Massage oder einem Bad mit ätherischen Ölen. Die Bestrahlung kann eine unerwartete Umkehrung der Wirkungen der ätherischen Öle verursachen. Sonnenbaden ist unangebracht, weil das Öl auf Ihrem Körper phototoxisch sein kann (Bergamotte!) und Körperenergie verbraucht.

Wahl ohne Qual

Der Anfänger mag verwirrt die Fülle der ätherischen Öle, die im Laden angeboten werden, betrachten. Welches Öl soll ich nehmen? Nachdem man viele Öle im Laden gerochen hat, kann man sowieso nicht mehr genau sagen, wie die Öle duften und wie ihr Name ist. Ich möchte Ihnen hier einige Entscheidungshilfen geben:

Intuition/Sympathie

Sofern Sie sich nur deshalb Düfte kaufen wollen, um sich an ihnen zu erfreuen, sollten Sie Ihrer Nase – Ihrer Intuition – folgen. Riechen Sie an den Ölen, spüren Sie diese auf, die Ihnen gefallen.

Auch beim Lesen des Buches werden Sie bestimmt bei einigen Ölen feststellen, daß sie Sie aus irgendeinem Grund interessieren. Vielleicht ist es die Bescheibung des Duftes, die Sie aufmerksam werden läßt.

Beginnen Sie mit wenigen Ölen, die Ihnen auf Anhieb zusagen, und verwenden Sie diese eine Weile. Einige verfallen in einen «Kaufrausch» und wollen möglichst viele Düfte haben, von denen später einige nie benutzt werden, weil sie gar nicht Ihrem Typ entsprechen oder für Ihre emotionale Situation nicht angebracht sind.

Wirkung

Möglicherweise finden Sie sich bei der Beschreibung der Anwendungen oder Symptome wieder und möchten etwas für Ihre emotionale Situation tun. In diesem Fall können Sie sich auf diese Düfte konzentrieren und aus diesen durch Riechen die Ihnen sympathischsten aussuchen. Das ist die Basisarbeit jedes Aromatherapeuten, der Menschen mit Düften behandeln will.

Ein Duft, der nicht gefällt, wird nicht helfen. Manche lehnen den oder die Düfte ab, die ihnen helfen würden. In diesem Fall kann man diese mit sympathischeren Düften verdecken. Bleiben Sie aber bei maximal fünf verschiedenen Düften, die gemischt werden.

Geschlecht, Rasse, äußere Erscheinung

Alle Düfte, die in diesem Buch beschrieben sind, können den Haarfarben zugeordnet werden. Das ist meines Erachtens ein wichtiger Punkt, wenn Sie sich z. B. ein Parfüm herstellen wollen, das Ihre Persönlichkeit unterstreicht. Dazu folgt später eine Tabelle.

Die verschiedenen Rassen und Völker bevorzugen bestimmte Düfte. Japaner mögen frische, herbe Düfte; Afrikaner schwere, blumige, erdige Düfte; Araber würzige, balsamische, harzige Düfte; Südeuropäer betäubende, süße Düfte; Weiße leichte, blumige oder holzige Düfte usw.

Männer und Frauen bevorzugen überall geschlechtsspezifische Duftgruppen: Männer möchten frisch und stark duften und mögen daher alle Aromas, die nach Leder, Moos, Erde, Holz und Frische duften. Frauen mögen Düfte, die blumig, süß, leicht (oder schwer), aphrodisisch und schwül sind.

Die sinnliche, dunkelhaarige Frau wird zu schweren, erogenen und süßen Düften, der blonde, sportliche Mann zu frischen und herben Düften tendieren. Experimentieren Sie mit den Düften. Nur die Übung macht den Meister.

Harmonie der Energien

Die Natur strebt immer nach Harmonie, dem Ausgleich der Kräfte. Durch die ätherischen Öle liefert sie uns Düfte, die diesen Ausgleich in unserem Wesen fördern. Ob Sie nun diesen Aspekt aus astrologischer oder psychologischer Sicht betrachten, er ist sehr bedeutsam für die Psychoaromatherapie.

Elemente und Grundhaltung

Ein Mensch mag zuviel Feuer haben und ist ungeduldig, ein anderer ist zu männlich und vernachlässigt seine empfindsame Seite, ein anderer ist labil und steht nicht mit beiden Beinen auf der Erde. Ihre Grundhaltung mag nach Stabilität (Erde), Empfindsamkeit (Wasser), Stärke (Feuer), Offenheit (Luft) usw. verlangen. Um eine Harmonie zu erreichen, kann man Extreme mittels der gegensätzlichen Öle langfristig abzubauen oder Mängel durch die fördernden Öle zu beheben versuchen.

Um die später folgende Tabelle der Öle unter dem Aspekt ihrer Elementezuordnung anwenden zu können, möchte ich hier die Qualitäten der Elemente bezüglich unserer Grundstimmung und unserer Handlungen kurz andeuten:

Feuer

fördert Aktivität, Selbstvertrauen, Enthusiasmus, Lebensbejahung, Eigeninitative, Mut zu Herausforderungen.

Wasser

fördert Zulassen und Erleben von Gefühlen, Mitgefühl, Vertrauen in eigene Intuition, Liebesbedürfnis, Hilfsbereitschaft, Öffnung für Spiritualität.

Erde

fördert Realitätsbezug, Stabilität, Erdverbundenheit, Arbeitsbereitschaft, Durchhaltevermögen, Verantwortungsbewußtsein, Genuß.

Luft

fördert Inspiration, Kreativität, Visionen, Spontaneität, Offenheit für verschiedenste Menschen, anderes und Neues; spirituelles Potential.

Yin und Yang

Die Wahl eines Duftes soll nicht nur unter dem Aspekt seiner psychischen Wirkung geschehen, sondern auch der Harmonie der Energien des Menschen. Völlig widersprüchlich wäre die Wahl von ausschließlich Yin-Ölen für einen Mann und Yang-Ölen für eine Frau. Ebenso verkehrt wäre es, bei Verwirrung und emotionalem Chaos ein Yin-Öl zu verwenden, was die Sensibilität erhöht, statt zu stabilisieren und zu stärken.

Ausgleichend, und damit erst einmal die Spitzen wegnehmend, wirken Lavendel, Cassie, Melisse und Neroli. Diese Öle können Sie einsetzen, um eine Therapie zu beginnen. Danach sollten Sie die Öle einsetzen, die Yin oder Yang stärken.

Die folgenden Assoziationen sollen Ihnen die Möglichkeit geben, die Ausdrucksformen von Yin und Yang zu erkennen. Ist eine Energie zu stark betont und verursacht eine Disharmonie im Wesen, so sind die Öle der gegensätzlichen Energie hilfreich. Z. B. ein weichlicher Mann: Yang. Emotionales Zerfließen und Weinerlichkeit: Yang. Übersensibilität: Yang. Aggressivität: Yin. Geistesstarre: Yin. Überzogene Männlichkeit: Yin. Gefühlsarmut: Yin.

Dabei können Sie nun noch die Elemente mit einbeziehen und recht interessante Mischungen herstellen. Ich werde die Beispiele von den Elementen zuvor hier nun um die Energien ergänzen: Geistige Offenheit verlangt Yin/Luft, Stärke braucht Feuer/Yang, Empfindsamkeit fördert Yin/Wasser und Stabilität wird durch Yang/Erde erreicht.

Assoziationen der Energien:

Yin	Yang
weiblich	männlich
empfänglich	unempfindlich
überempfindlich	emotionale Härte
Körper/Gefühl	Geist/Wille
Liebe/Mitgefühl	Ego
emotionales Auseinanderfließen	Geistesstarre
wurzellos	beständig
gefühlsorientiert	intellektuell/logisch
sexuell passiv	sexuell aggressiv
kurze Aufmerksamkeitsspanne	lange Aufmerksamkeitsspanne
zuhörend	argumentierend
introvertiert	extrovertiert
Poet	Krieger
helle, weiche Haut	dunkle, feste Haut
sauer	süß
Salz	Zucker
hell	dunkel
klar	undurchsichtig
flüssig	fest
weich	hart
Nacht	Tag
Kälte	Hitze

Ausdruck

Ist der Ausdruck einer Person (Tonhöhe der Sprache, Bewegungsabläufe, soziales Verhalten, Körperbau, Gesichtszüge und Kleiderwahl) nicht in Harmonie mit dem natürlichen Ausdruck des Geschlechts (männlich/weiblich) oder des Charakters (robust, empfindlich, zielstrebig, gleichgültig, harmoniestrebend, machtstrebend usw.), so kann durch langfristige Anwendung der Öle entsprechend der Elemente (Feuer, Wasser usw.) und Energien (Yin/Yang) eine Annäherung des Ausdrucks an die innere Realität gelingen.

Diese Punkte sind meines Erachtens genauso wichtig wie die Wahl eines Öles wegen seiner Wirkungen für einen vorübergehenden psychischen Zustand. Sich nicht im Einklang zu befinden verursacht ständige Spannungen und Frustrationen, die sich in realitätsfremden Gefühlsäußerungen feststellen lassen.

Dies ist ein Teil der Aromatherapie, der bisher noch nicht sehr viel Beachtung gefunden hat; jedoch sollten Sie mutig versuchen, das in Ihre Wahl der Öle zu integrieren – und bei sich selbst tiefer zu schauen. Hier treffen sich Aroma- und Psychotherapie.

Wenn Sie sich also eine Duftmischung machen, die diesem gerecht werden soll, können Sie mit Hilfe der folgenden Tabellen leicht die richtige Mischung machen. Fragen Sie sich immer: Was habe ich nicht, was brauche ich, um mich harmonisch zu fühlen? Sehen Sie dann in den Tabellen nach, welche Düfte für Sie gut sind, und suchen Sie mindestens drei aus, die Ihnen vom Duft her zusagen.

Sexualität

Sexualität ist der Anfang unseres Lebens und begleitet uns als eine der stärksten Energien durch unser Dasein. Um so tiefer bewegt uns ein mangelnder sexueller Antrieb, Frigidität oder Impotenz. Für aphrodisische Duftmischungen, die Sie aus diesem Grund herstellen oder um sich für andere attraktiver zu machen, möchte ich noch einige Hinweise geben.

Eine erogene Duftmischung sollte körperähnliche Düfte repräsentieren, die den Träger bzw. andere erotisiert. Einige Pflanzen bieten uns Essenzen, die den Körperdüften entsprechen und nach Haarfarbe unterschieden werden können. Damit haben Sie die Möglichkeit, Ihre individuelle Ausstrahlung zu unterstreichen und Widersprüche bezüglich des tatsächlichen Körpergeruchs und der Duftmischung zu vermeiden.

Unser Riechsinn ist konditioniert und verbindet aufgrund intimer Erfahrungen mit jedem Geschlecht und Haut- bzw. Haartyp bestimmte Düfte. Hier einige Hinweise:

Neroli, Jasmin, Rose, Ylang-Ylang, Narzisse und Patchouli paßt zu allen Typen, besonders aber zu Frauen. Diese Düfte haben einen leicht animalischen Charakter, der subtil an den Duft des Scham- und Analbereichs erinnert. Moschuskörneröl paßt ebenfalls zu allen Geschlechtern; es hat einen süßen, blumigen, fäkalisch-urinösen Charakter. Zimt und Sandelholz passen am besten zu Männern. Cistrose und Weihrauch haben eine sehr subtile aphrodisische Wirkung und passen zu Männern und Frauen.

Dem Körpergeruch (Schweiß, Haare) der Haartypen entsprechend sind folgende Düfte:

rot/brünett   – Weihrauch
blond   – Myrrhe, Geranie, Zypresse
schwarz/dunkel   – Amber/Styrax.

Diese Düfte kann man ergänzend mit den obgenannten Düften verwenden, um eine aphrodisische Duftmischung herzustellen, die der äußeren Erscheinung entspricht.

Es gibt wesentlich mehr Öle, die bei einer schwachen Libido eingesetzt werden können. In diesem Buch habe ich mich auf die Öle beschränkt, die im psychischen Bereich besonders wirksam sind.

Kreatives Mischen

Einen Duft allein zu benutzen mag für den Anfänger bereits ein angenehmes Erlebnis sein: Die Tür der Wahrnehmung reiner Düfte hat sich etwas geöffnet. Sie werden sehr wahrscheinlich die Feinheit, Kraft und das Wesen des Duftes bewußt wahrnehmen. Nach diesem wichtigen Erlebnis sollten Sie dazu übergehen, Düfte zu mischen.

Übereinstimmend berichten Wissenschaftler und Aromatherapeuten, daß die Dynamik der Öle stark zunimmt, wenn sie gemischt werden. Sie verstärken und runden gegenseitig ihre Wirkungen ab, nehmen Spitzen weg und überbrükken Tiefen, wenn sie im gleichen Wirkungsbereich liegen.

Das Resultat nennt man eine synergistische Mischung: eine Duftmischung, die effektiver ist als jeder einzelne Duft allein. Das ist besonders zu beachten, wenn Sie ein Parfüm oder eine Mischung für Bad und Massage herstellen. In der Duftlampe können Sie auch einmal nur ein Öl nehmen, wenn Sie die Raumluft erfrischen und die Atmosphäre verändern wollen.

Vom Standpunkt der Psychoaromatherapie sind jedoch immer Mischungen anzuwenden. Sie haben meistens einen akzeptableren, feineren Duft als Einzeldüfte und berühren mehrere Saiten unserer Seele.

Das soll Sie jetzt nicht beängstigen. Im Gegenteil, das Mischen ist der kreative Teil des Umgangs mit Düften. Sie werden jedesmal eine einmalige, individuelle Mischung kreieren. Das erzeugt bei jedem Freude, und darum geht es bei der Aromatherapie im wesentlichen.

Hier einige Richtlinien:

● Mischen Sie die Öle, die im selben Wirkungsbereich liegen, z. B. entspannend.

● Nehmen Sie nur solche Düfte, die Ihnen oder
Ihrem Klienten gefallen. Wird ein therapeutisch
wichtiger Duft abgelehnt, so ist er mit mindestens
einem sympathischen Duft so stark abzudecken,
daß er nicht mehr dominant ist.

● Mischen Sie wenigstens zwei, maximal fünf
Öle.

● Ihre Mischung sollte ein Öl mit Top-, Mittel-
und Basisnote enthalten. Warum? Eine solche
Mischung verhindert, daß sich frische, schnell
verfliegende Öle zu schnell verflüchtigen, daß die
Mischung einen Körper erhält (durch die Mittelnote) und die Basisnote (die meist stark duftend
und lang anhaltend ist) mit der Topnote verbunden wird. Damit entsteht eine Harmonie und
Stabilität, die man mit den einzelnen Musikin-
strumenten eines Orchesters vergleichen kann.
Die Flöte allein mag schön und hell klingen, aber
zusammen mit den Geigen und dem Klavier erhält man eine wohltemperierte, volle Musik.

Die **Topnoten** sind scharfe, frische, spritzige
Düfte (Zitrusöle, Minze), die unseren Riechsinn
zuerst und stark treffen. Sie sind sparsam zu
verwenden, damit Sie nicht später zuviel Mittel-
und Basisnoten brauchen, um ihre Schärfe abzu-
mildern.

Die **Mittelnoten** sind sanft, anschmiegsam,

warm (Lavendel, Rosenholz, Rose, Zimt u. a.) und nehmen den Topnoten ihre Schärfen. Sie werden oft als Verstärker der anderen Noten genommen und sind quantitativ der größte Anteil der Mischung.

Die **Basisnoten** sind warm, schwer, manchmal narkotisch-süß und verfliegen sehr langsam. Sie werden oft als Fixativ genommen, um der Komposition die erforderliche Tiefe und langfristige Wirkung zu geben. Diese Düfte nehmen Sie als letzte wahr, wenn Ihre Mischung verfliegt. Einige dieser Düfte (Amber, Weihrauch, Patchouli, Vetiver u. a.) können für einen ganzen Tag, in Kleidungsstücken noch Tage später wahrgenommen werden. Meine Lieblingsjacke habe ich einmal auf der Innenseite mit einer reinen Basismischung beträufelt. Sie duftete noch nach einem Monat so stark, daß Menschen mich fragten, welches Parfüm ich gerade benutzt habe.

Diese Düfte sind in ihrem unverdünnten Zustand oft nicht angenehm und geben erst verdünnt und in Mischungen ihre Schönheit preis. Sie sind sehr sparsam einzusetzen – also beim Mischen nach jedem Tropfen kontrollieren.

Einige Öle können zwei oder mehr Bereiche abdecken, z. B. Ylang-Ylang, Rose und Jasmin. Diese können auch allein genommen werden. Ihre subtilen Wirkungen sind außerdem so intensiv, ihr Duft so köstlich, daß sie nicht ergänzt werden müssen.

Intensive, eigenwillige Düfte wie Minze, Blaue Kamille, Melisse, Moschuskörneröl u. a. sind mit Vorsicht einzusetzen, da sie sich in Mischungen so stark behaupten, daß alle anderen Düfte völlig untergehen.

Lavendel, Geranie, Bergamotte, Zedernholz und Sandelholz gleichen aus und verhelfen anderen Düften zu ihrer optimalen Entfaltung. Andererseits erlauben sie anderen Düften ihre Präsenz. Sie können reichlich eingesetzt werden.

Welche Düfte zur Top-, Mittel- oder Basisnote gehören, zeigt Ihnen die Tabelle am Ende dieses Kapitels. Diese Einteilung entstand einerseits durch Vergleich mit anderen Autoren, andererseits durch meine subjektive Einschätzung. Sie mögen anderer Meinung sein. Bleiben Sie bei Ihrer Intuition, nehmen Sie alles, was hier gesagt wird, als eine Starthilfe.

Tabelle: Duftnoten

Basisnote	Mittelnote	Topnote
Angelika	Cassie	Bergamotte
Amber/Styrax	Basilikum	Eisenkraut
Benzoe	Fenchel	Minze
Cistrose	Geranie	Orange
Eichenmoos	Iris	Pampelmuse
Galbanum	Jasmin	Rose
Moschuskörner	Kamille	Zitrone
Myrrhe	Lavendel	
Patchouli	Melisse	
Sandelholz	Muskatellersalbei	
Tolu	Myrte	
Vanille	Narzisse	
Vetiver·	Neroli	
Weihrauch	Rose	
Ylang-Ylang	Rosenholz	
Zedernholz	Vanille	
	Wacholder	
	Ylang-Ylang	
	Ysop	
	Zimt	

Tabelle: Yin-Yang und Duft

Yin	Ausgeglichen	Yang
Geranie	Cassie	Angelika
Iris	Lavendel	Amber/Styrax
Jasmin	Melisse	Basilikum
Kamille	Neroli	Benzoe
Narzisse		Bergamotte
Orange		Cistrose
Pampelmuse		Eichenmoos
Rose		Eisenkraut
Ysop		Fenchel
Ylang-Ylang		Galbanum
Zitrone		Minze
		Moschuskörner
		Muskatellersalbei
		Myrrhe
		Patchouli
		Rosenholz
		Sandelholz
		Tolu
		Vanille
		Vetiver
		Wacholder
		Weihrauch
		Zedernholz
		Zimt
		Zypresse

Tabelle: Element und Duft

Erde:
Angelika, Amber/Styrax, Basilikum, Cistrose, Eichenmoos, Galbanum, Moschuskörner, Patchouli, Sandelholz, Tolu, Vanille, Vetiver, Ysop, Zedernholz, Zypresse

Wasser:
Benzoe, Cassie, Fenchel, Geranie, Iris, Jasmin, Kamille, Rose, Ylang-Ylang

Luft:
Bergamotte, Eisenkraut, Lavendel, Minze, Muskatellersalbei, Myrte, Narzisse, Neroli, Orange, Pampelmuse, Zitrone

Feuer:
Melisse, Myrrhe, Neroli, Wacholder, Weihrauch, Zimt

Tabelle: Haarfarbe und Duft

Blond:
Benzoe, Galbanum, Geranie, Honig, Iris, Jasmin, Kamille, Lavendel, Minze, Myrrhe, Myrte, Neroli, Pampelmuse, Rose, Rosenholz, Sandelholz, Vanille, Zedernholz

Rot:
Angelika, Galbanum, Jasmin, Lavendel, Moschuskörner, Pampelmuse, Patchouli, Rosenholz, Tolu, Wacholder, Weihrauch, Zedernholz, Zitrone

Brünett:
Basilikum, Bergamotte, Cassie, Eichenmoos, Geranie, Honig, Jasmin, Lavendel, Limette, Mimose, Muskatellersalbei, Myrte, Neroli, Orange, Patchouli, Rose, Rosenholz, Sandelholz, Tolu, Vanille, Vetiver, Ylang-Ylang, Zedernholz, Zimt

Schwarz (dunkel):
Amber/Styrax, Eichenmoos, Jasmin, Moschuskörner, Narzisse, Rosenholz, Sandelholz, Vanille, Vetiver, Weihrauch, Ylang-Ylang, Zedernholz, Zimt, Zitrone, Zypresse

Beschreibung
der ätherischen Öle

Es folgt nun die Beschreibung der ätherischen
Öle, die Sie für die Behandlung emotional-seeli-
scher Zustände anwenden können. Darüber hinaus gibt es wesentlich mehr ätherische Öle, die
aber nur schwache oder keine Wirkungen auf
diesem Gebiet aufweisen.

Amber (Styrax)
(Liquidambar orientalis)

Das unter beiden Namen bekannte Öl wird aus
dem Balsam eines Baumes vom Vorderen Orient,
von Honduras und von Guatemala gewonnen.

Es ist dunkel, etwas dickflüssig und duftet balsamisch, leicht süßlich, grasartig mit dumpfer,
erdiger Unternote. Verwechseln Sie Amber bitte
nicht mit Ambra oder Ambrette (Moschuskörneröl), die als erogene Duftbausteine in teuren
Parfüms enthalten sind.

Dieser Duft führt Sie in Ihr Innerstes, öffnet
für einen Blick auf Vorgänge in Ihrer Seele und
ermöglicht gleichzeitig Höhen, die Sie in Kontakt
mit dem Kosmos bringen. Wegen seines starken

Duftes sollten Sie nur wenige Tropfen pur oder in Mischungen nehmen.

Wirkungen: beruhigend, antidepressiv, geistig/ spirituell, öffnend

Anwendungen: Depressionen, emotionaler Streß, Aurareinigung, Meditation, Innenschau

Duftintensität/-dauer: stark, lang anhaltend; Basisduft für Mischungen

Beste Duftharmonie: Benzoe, Bergamotte, Geranie, Moschuskörneröl, Rose, Sandelholz, Tolu, Weihrauch, Zedernholz, Zimt

Angelika
(Angelica archangelika)

Das Öl der in Europa angebauten Angelika wird aus seiner getrockneten oder frischen Wurzel gewonnen. Es ist dünnflüssig und klar. Sein Duft ist würzig, erdig, moschusartig und gibt Kraft und Erdverbundenheit.

Wirkung: sedierend (adrenalinsenkend), stärkend

Anwendungen: Angst, emotionale Schwäche, mangelnde Stabilität, Haltlosigkeit

Duftintensität/-dauer: stark, lang anhaltend; Basisnote in Mischungen

Beste Duftharmonie: Bergamotte, Galbanum, Muskatellersalbei, Wacholder

Basilikum
(Ocimum basilicum)

Das klare, dünnflüssige Öl wird aus den blühenden Spitzen des Krauts durch Destillation gewonnen. Es wird in Frankreich, Italien, dem Balkan, den USA und Ägypten kultiviert, wächst aber auch problemlos in allen sonnigen Gärten. Es ist leicht hautreizend und bei empfindlicher Haut gering zu dosieren. Im Badewasser verursacht es ein Heiß-kalt-Gefühl. Sein Duft ist durchdringend süß, würzig und anisig.

Wirkungen: emotional, mental und nervlich stärkend, antidepressiv, entspannend

Anwendungen: Angst, Depression, emotionaler Streß, Unruhe, Aufregung, Aggression

Duftintensität/-dauer: mittel; Mittelnote (verbindend) für Mischungen

Beste Duftharmonie: Bergamotte, Geranie, Melisse, Muskatellersalbei, Rosenholz, Zypresse

Benzoe
(Styrax benzoin)

Benzoe ist ein Resionid und wird durch Extraktion mit Alkohol aus dem Harz eines in Asien heimischen Baumes gewonnen. Das Öl ist klar und dünnflüssig. Sein Duft ist abhängig vom Herkunftsland, meistens balsamisch, süß und warm. Dieser Duft läßt Sie das Leben aus sicherer Distanz betrachten und läßt Sie Urlaub von rohen, starken Emotionen machen.

Wirkungen: entspannend, beruhigend, balsamisch, antidepressiv

Anwendungen: Ärger, Angst, Verstimmungen, Anspannung, Sorgen, Kummer, Depression

Duftintensität/-dauer: stark, lang anhaltend; Basisduft für Mischungen

Beste Duftharmonie: Cistrose, Geranie, Jasmin, Moschuskörner, Rose, Tolu, Weihrauch, Zedernholz, Zypresse

Bergamotte
(Citrus bergamia)

Das grünliche, dünnflüssige Öl wird durch Auspressen der Schalen grüner Bitterorangen der in Italien, Spanien, Südamerika, Westafrika und Kalifornien wachsenden Bäume gewonnen. Bergamotte erhöht die Lichtempfindlichkeit der Haut und soll nicht vor dem Sonnenbad aufgetragen werden. Beachten Sie dies, wenn Sie Bergamotte in einem Massageöl oder Parfüm hochdosiert anwenden und sich anschließend starker UV-Strahlung aussetzen. Bergamotte ist ein gutes Öl, um psychisch wirkungsvolle, aber unangenehm empfundene Düfte zu kaschieren. Es gibt allen Mischungen eine spritzige, heitere Spitze. Sein Duft ist frisch, spritzig, süß und klar – ein Muntermacher und Freudespender. Achten Sie auf Ihren ersten Eindruck, wenn Sie das Öl riechen: Auf viele wirkt es beruhigend, auf einige anregend.

Wirkungen: antidepressiv, stimmungserhellend, entspannend, erfrischend

Anwendungen: Depression, Angst, emotionale Labilität, mangelnder Optimismus und Lebensfreude, Streß

Duftintensität/-dauer: leicht, kurz; Topnote in Mischungen; ausgleichender Duft in Mischungen

Beste Duftharmonie: Angelika, Cistrose, Eukalyptus, Geranie, Lavendel, Minze, Neroli, Sandelholz, Ylang-Ylang, Zedernholz, Zypresse, alle Zitrusöle

Cassie
(Acacia fernesiana)

Aus dem Akazienstrauch, der überall im Mittelmeerraum und in Indien wächst, wird dieses dickflüssige, helle Öl gewonnen. Für eine blumige, würzige Duftmischung brauchen Sie nur geringe Mengen des warmen, zimtartigen Duftes mit blumiger Unternote. Der Duft greift direkt nach Ihrem Herzen und heilt dessen Wunden.

Wirkungen: wärmend, heilend, balsamisch

Anwendungen: emotionale Verletzung, Trauma, Wärme- und Schutzbedürfnis, mangelnde Phantasie und Kreativität bezüglich Lebensmöglichkeiten

Duftintensität/-dauer: mittel, Mittelnote (verbindend) in Mischungen

Beste Duftharmonie: Benzoe, Honig, Jasmin, Römische Kamille, Rose, Zimt

Cistrose
(Cistus labdaniferus)

Die honigfarbene Essenz wird aus den Zweigen und Blättern eines im Mittelmeerraum wachsenden Busches durch Destillation gewonnen und hat einen balsamisch, warmen und holzigen Duft mit würzigem Unterton. In Mischungen wirkt der Duft leicht erogen und nicht mehr streng. Ein Duft, der die Seele berührt und Ihre innere Schönheit und Selbstliebe weckt.

Wirkungen: erwärmend, aphrodisisch, sensibilisierend

Anwendungen: Gefühlskälte, Gefühl des Abgestorbenseins, mangelnder sexueller Antrieb

Duftintensität/-dauer: stark, lang anhaltend; Basisduft für Mischungen

Beste Duftharmonie: Zitrusöle, Jasmin, Zedernholz

Eisenkraut
(Verbena tryphilla)

Das dünnflüssige, klare Öl wird aus den Blättern eines in Nordafrika, Italien, Frankreich und ursprünglich Südamerika wachsenden Busches gewonnen. Sein Duft ist frisch, spritzig und zitronenartig. Ein Duft, der neue geistige Kräfte und Inspiration gibt.

Wirkungen: erfrischend, anregend

Anwendungen: Lethargie, Schläfrigkeit, geistige Erschöpfung, Phantasiemangel

Duftintensität/-dauer: leicht, kurz; Topnote in Mischungen

Beste Duftharmonie: Zitrusöle, Jasmin, Zedernholz

Fenchel
(Foeniculum vulgare)

Das Öl des Fenchels ist dünnflüssig, gelblich und wirkt sehr mild. Es wird aus den Früchten der Pflanze gewonnen. Sein Duft ist süßlich, kräuterartig, ganz wie das Gewürz und macht sanftmütig und friedvoll.

Wirkungen: beruhigend, entspannend

Anwendungen: Aufregung, Streß, Verspannung, Gefühlskälte

Duftintensität/-dauer: mittel; Mittelnote (verbindend) in Mischungen

Beste Duftharmonie: Kräuterdüfte, Rosenholz, Zypresse, Sandelholz

Galbanum
(Ferula galbanifera)

Das nach Walderde und Gras duftende Öl wird aus dem Harz der Wurzel einer Pflanze gewonnen, die im Vorderen Orient beheimatet ist. Es ist dünnflüssig und hell bis grünlich. Sein Duft erinnert an entspannte, friedvolle Momente, auf dem Rücken im Wald liegend und die Wolken betrachtend.

Wirkungen: entspannend, entkrampfend, beruhigend

Anwendungen: Ärger, Reizbarkeit, Anspannung, Hysterie, Meditation

Duftintensität/-dauer: stark, lang anhaltend; Basisduft für Mischungen

Beste Duftharmonie: Angelika, Basilikum, Minze, Neroli, Weihrauch, Angelika, Vetiver

Geranie
(Pelargonium graveolens)

Die in unseren Gärten und Blumenterrassen prachtvoll blühende Geranie gibt uns ein dünnflüssiges und klares Öl. Sein Duft erinnert an Rosen und Minzen gleichzeitig. Durch seinen rosenähnlichen Duft ist es vor allem in «Herzensangelegenheiten» und bei Verletzbarkeit angebracht. Es wirkt grundsätzlich beruhigend, kann aber bei manchen Menschen anregend wirken. Achten Sie auf den ersten Eindruck beim Riechen.

Wirkungen: ausgleichend, anregend und beruhigend

Anwendungen: Angst, Depression, seelische Verhärtung, emotionale Verletzung, Trauma, Anspannung

Duftintensität/-dauer: mittel; Mittelnote (verbindend) in Mischungen

Beste Duftharmonie: Bergamotte, Lavendel, Mimose, Muskatellersalbei, Rose, Rosenholz, Ylang-Ylang

Honig
(Bienenwachs)

Das warm und süß duftende Honigöl wird durch Extraktion aus vollen Bienenwaben gewonnen. Es ist gelblich und dickflüssig. Sein Duft ist wärmend und intensiv. Er vermittelt das Gefühl von Ruhe und Geborgenheit.

Wirkungen: entspannend, beruhigend

Anwendungen: Ärger, Wut, Aufregung, Gefühlsschwankungen

Duftintensität/-dauer: stark, lang anhaltend; Basisduft für Mischungen; gering dosieren

Beste Duftharmonie: Benzoe, Cassie, Narzisse, Orange, Rose

Iris
(Iris florentina)

Das selten zu findende, reine und teure Öl wird aus den Wurzeln der Schwertlilienblume gewonnen. Es duftet warm, süß, etwas nach Veilchen.

Der Duft lädt zum wohltuenden Durchatmen und Loslassen an.

Wirkungen: harmonisierend, beruhigend, besänftigend

Anwendungen: Unruhe, emotionale Verletzung, seelische Verhärtung

Duftintensität/-dauer: stark, lang anhaltend; Basisduft für Mischungen

Beste Duftharmonie: Geranie, Rose, Jasmin, Zedernholz

Jasmin
(Jasminum grandiflorum, officinale)

Jasminöl wird aus den Blüten eines Strauches in Ostindien, Südfrankreich, Spanien, Marokko, Algerien und Ägypten gewonnen. Das rotbraune Öl wird durch Extraktion gewonnen und ist sehr teuer. Sein Duft ist honigsüß, fruchtig und blumig. Es ist ein klassisches Aphrodisiaka, aber auch ein Duft der Freude, Offenheit, Schönheit.

Wirkungen: aphrodisierend, antidepressiv

Anwendungen: Angst, Depression, Pessimismus,

emotionales Trauma, Selbstzweifel, mangelnder sexueller Antrieb

Duftintensität/-dauer: mittel, lang anhaltend; Mittel- bis Topnote in Mischungen

Beste Duftharmonie: Zitrusöle, Rose, Rosenholz, Zedernholz

Kamille, Römische
(Anthemis nobilis)

Die Römische Kamille findet man in England, Bulgarien, Jugoslawien, Frankreich und Ungarn und ist eine seit Jahrhunderten bekannte Heilpflanze, deren ätherisches Öl durch Destillation aus den Blüten und der ganzen Pflanze gewonnen wird. Das Öl ist gelblich, dünnflüssig und relativ teuer.

Sein entspannender Duft ist süß, kräuterartig und wie überreife, süße Äpfel. Es ist ein Duft der Harmonie und Entspannung.

Wirkungen: beruhigend, besänftigend, harmonisierend

Anwendungen: Ärger, Anspannung, Gefühlsschwankungen, Angst, Sorgen, Launenhaftigkeit, Wut, Zorn

Duftintensität/-dauer: mittel; Mittelnote (verbindend) in Mischungen

Beste Duftharmonie: Cistrose, Lavendel, Neroli, Rose, Rosenholz

Kamille, Blaue
(Matricaria chamomilla)

Die in Mitteleuropa heimische Pflanze, welche auch in Ungarn, in der UdSSR und in Ägypten angebaut wird, unterscheidet sich von der Römischen Kamille durch einen wesentlich höheren Anteil an Azulen, der dem ätherischen Öl eine blaue Farbe gibt. Das Öl ist stark, fast betäubend süß, kräuterartig und leicht fruchtig. Der Duft bewirkt ein rasches Loslassen und eine Öffnung des Geistes zum Kosmos.

Wirkungen: inspirierend, harmonisierend, antidepressiv

Anwendungen: Meditation, Entspannung, Depression

Duftintensität/-dauer: stark, lang anhaltend; Basisduft für Mischungen; dominierender Duft – vorsichtig dosieren

Beste Duftharmonie: Lavendel, Muskatellersalbei, Rosmarin, Zypresse

Lavendel
(Lavendula officinalis, vera)

Man findet den Lavendel im ganzen Mittelmeerraum, aber auch in England, in der UdSSR und in Australien. Für die Gewinnung des dünnflüssigen und klaren ätherischen Öls verwendet man die frischen Stengel und Blütenrispen. Sein Duft ist süß, balsamisch, blumig, waldig und hell. Er wirkt wie eine liebevolle, heilende Hand.

Wirkungen: beruhigend, ausgleichend, heilend, antidepressiv

Anwendungen: Angst, Ärger, Depression, emotionale Verletzung, Anspannung, Streß, Gemütsschwankungen

Duftintensität/-dauer: mittel; Mittelnote (verbindend) in Mischungen; ausgleichender Duft in Mischungen

Beste Duftharmonie: Zitrusöle, Geranie, Muskatellersalbei, Rose, Zypresse

Melisse
(Melissa officinalis)

Dieses klare, dünnflüssige Öl ist relativ teuer, da die Ausbeute bei der Destillation der Pflanze nicht groß ist. Es duftet kräftig, herb-süßlich, zitronenartig. Der Duft gibt uns Klarheit, Stärke und innere Ruhe.

Wirkungen: innerlich stärkend, ausgleichend, beruhigend, antidepressiv

Anwendungen: Angst, Ärger, Depression, Trauer, Streß

Duftintensität/-dauer: mittel; Mittelnote (verbindend) in Mischungen; dominierender Duft – vorsichtig dosieren

Beste Duftharmonie: Geranie, Lavendel, Minze, Neroli, Rose

Minze
(Pfefferminze, Wasserminze u. a.)
(Mentha piperita, aquatica u. a.)

Dieses Kraut wächst auf der ganzen Erde und ist wohl jedem bekannt. Aus dem Kraut wird durch Destillation das dünnflüssige und klare Öl gewonnen. Bei der Dosierung dieses Öls muß man etwas vorsichtig sein, denn es ist leicht hautirritierend. Sein Duft ist frisch, klar und typisch Pfefferminz.

Wirkungen: klärend, erfrischend

Anwendungen: geistige Verwirrung, Unklarheit, Konzentrationsmangel

Duftintensität/-dauer: stark, kurz; Topnote in Mischungen

Beste Duftharmonie: Lavendel, Rosmarin, Eisenkraut, Pampelmuse, Geranie

Moschuskörner, Ambretta
(Hibiscus abelmoschus)

Hier haben wir ein teures Öl, das durch Destillation aus den Samenkörnern einer Pflanze in Südamerika, Indien und Indonesien gewonnen wird. Das Öl ist dunkelfarbig und hat einen warmen, tiefen, süßen Moschusduft, der stark erotisierend wirkt.

Wirkungen: erotisierend, besänftigend, beruhigend

Anwendungen: mangelnder sexueller Antrieb, Aufregung

Duftintensität/-dauer: stark, lang anhaltend; Basisduft für Mischungen; dominierender Duft – vorsichtig dosieren

Beste Duftharmonie: Amber/Styrax, Bergamotte, Geranie, Tolu, Ylang-Ylang

Muskatellersalbei
(Salvia sclarea)

Das ätherische Öl wird aus dem in Frankreich, Spanien und der UdSSR angebauten Kraut durch Destillation der Blüten gewonnen und ist hell bis gelblich und dünnflüssig. Sein Duft ist heuig, leicht süßlich. Es ist nicht jedermanns Duft, hat nichts von den starkduftenden Blütendüften, jedoch sind die Wirkungen verblüffend: er macht uns leicht und läßt uns abheben. Also nichts für die, welche geerdet werden wollen und immer in luftigen Höhen schweben. Nach einer Behandlung mit Muskatellersalbei keinen Alkohol trinken!

Wirkungen: euphorisierend, entspannend, aphrodisierend, antidepressiv

Anwendungen: Angst, Depression, Gemütsschwankungen, Trauer, Sorgen, Streß, mangelnder sexueller Antrieb

Duftintensität/-dauer: mittel; Mittelnote (verbindend) in Mischungen

Beste Duftharmonie: Bergamotte, Iris, Geranie,
Lavendel, Jasmin, Zypresse

Myrrhe
(Commiphora myrrha, abyssinica)

Die Myrrhe ist ein Wüstenbaum, der in den nord-
afrikanischen Ländern, Somalia und Äthiopien
wächst. Aus seinem Harz wird durch Extraktion
und Destillation das dickflüssige, rotbraune Öl
gewonnen. Es strahlt eine wohltuende, heilende
Wärme und Kraft aus. Sein Duft ist warm, würzig, balsamisch und süß. Ein angenehmer orienta-
lischer Duft, mit dem man in schweren Parfümmi-
schungen spielen kann.

Wirkungen: beruhigend

Anwendungen: Angst, Überreiztheit, Aufregung

Duftintensität/-dauer: stark, lang; Basisnote in
Mischungen

Beste Duftharmonie: Bergamotte, Galbanum, Jasmin, Sandelholz, Zedernholz

Myrte
(Myrtus communis)

Das Öl der Myrte wird aus den Blüten und Zweigspitzen des im Mittelmeerraum heimischen Baumes destilliert. Es ist dünnflüssig, klar, duftet leicht kräuterartig und frisch. Es wirkt vor allem auf den Geist.

Wirkungen: stärkend, klärend

Anwendungen: Angst, Zweifel, Mutlosigkeit, innere Verhärtung, Meditation

Duftintensität/-dauer: mittel; Mittelnote (verbindend) in Mischungen

Beste Duftharmonie: Lavendel, Zypresse

Narzisse
(Narcissus poeticus)

Der süße, blumige Duft der Narzisse wird durch Extraktion der besonders ergiebigen Blumen im französischen, ägyptischen und marokkanischen

Raum gewonnen. Eine starke Süße strahlt von diesem dickflüssigen, hellen Öl aus, das unser Herz berührt.

Wirkungen: beruhigend

Anwendungen: Angst, Anspannung, emotionale Verhärtung

Duftintensität/-dauer: mittel; Mittelnote (verbindend) in Mischungen

Beste Duftharmonie: Bergamotte, Honig, Iris, Jasmin, Muskatellersalbei, Rose, Sandelholz, Ylang-Ylang

Neroli
(Citrus aurantium, bigaradia)

Eines der schönsten Blütenöle wird aus den sich gerade öffnenden Blüten des Bitterorangenbaumes oder Süßorangenbaumes gewonnen. Der Baum wächst in Südfrankreich, Marokko, Algerien und Ägypten. Den Namen erhielt das Öl durch eine italienische Prinzessin, die es als Lieblingsparfüm benutzte. Das dickflüssige, bräunliche Öl duftet würzig, süß und bitter. Es ist Balsam für die Seele und verleiht innere Stärke. Ein gutes Mittel für unruhigen Schlaf, gegen beunruhigende Träume und Einschlafschwierigkeiten.

Wirkungen: beruhigend, emotional stärkend, antidepressiv

Anwendungen: Angst, Depression, Anspannung, Mutlosigkeit, Verletzbarkeit

Duftintensität/-dauer: mittel; Mittelnote (verbindend) in Mischungen

Beste Duftharmonie: Bergamotte, Orange, Eisenkraut, Geranie, Jasmin, Lavendel, Rose, Sandelholz, Ylang-Ylang, Zedernholz

Orange, süß
(Citrus aurantium)

Von den Schalen der Früchte der Orangenbäume im Mittelmeerraum, in den USA, in Südafrika und Brasilien wird ein dünnflüssiges, gelbliches Öl gewonnen. Es hat einen sehr erfrischenden, süßen, leicht herben Duft – typisch Orange. Der Duft läßt uns ausweiten, öffnen und heiter werden.

Wirkungen: stimmungserhellend, entspannend, ausgleichend

118

Anwendungen: Engherzigkeit, Angst vor Enge, innere Verkrampfung, Verspannung

Duftintensität/-dauer: leicht, kurz; Topnote in Mischungen

Beste Duftharmonie: Zitrusöle, Neroli, Zimt, Ylang-Ylang, Sandelholz

Pampelmuse
(Citrus deucomana)

Das dünnflüssige, klare Öl der Pampelmuse wird durch Auspressen der Fruchtschalen gewonnen. Sein Duft ist fruchtig, spritzig und leicht. Er gehört zu den Düften, die uns lebensbejahend und euphorisch stimmen.

Wirkungen: euphorisierend, stimmungserhellend, erleichternd

Anwendungen: Depression, Kummer, Trauer, Pessimismus, Lethargie, Mangel an Selbstvertrauen

Duftintensität/-dauer: leicht, kurz; Topnote in Mischungen

Patchouli
(Pogestemon patchouli, cablin)

Dieses aphrodisische Öl wird durch Destillation aus getrockneten und fermentierten Blättern eines in Indonesien, China und Madagaskar wachsenden Strauches gewonnen. Es ist dunkelgelb bis braun und dickflüssig. Sein kräftiger Duft hält sehr lange an, in Kleidern kann er für Wochen haften bleiben. Es duftet schwer, balsamisch-süß, holzig, waldig, erdig. Patchouli ist eine gute Basisnote für Mischungen, die erden und beruhigen sollen.

Wirkungen: aphrodisierend, beruhigend

Anwendungen: Angst, Unruhe, Flatterhaftigkeit, mangelnder sexueller Antrieb

Duftintensität/-dauer: stark, lang anhaltend; Basisduft für Mischungen; dominierender Duft – vorsichtig dosieren

Beste Duftharmonie: Amber/Styrax, Moschuskörner, Jasmin, Rose, Ylang-Ylang, Sandelholz

Rose
(Rosa damascena, gallica, centifolia, alba)

Die Königin Rose liefert die «Mutter» der Düfte. Seit Jahrtausenden wird das Öl der Rose von allen Liebenden, Liebeskranken und Sehnsüchtigen geschätzt und gepriesen. Dieses Venusöl wird durch Extraktion und Destillation aus den verschiedenen Typen obgenannter Rosenblüten gewonnen. Es ist rotbraun bis grünorange und dickflüssig. Wenn es aus der «Rose Otto» (damascena) gewonnen wurde, ist es bei Zimmertemperatur pastös bis fest. Sein Duft ist die Schwingung der Liebe, des Mitgefühls, des Feinen und Schönen. Unvergleichlich ist seine tiefe harmonisierende Wirkung auf seelischer Ebene.

Wirkungen: ausgleichend, heilend, beruhigend, antidepressiv, schützend (feinstofflicher Körper)

Anwendungen: Depression, Angst, Sorgen, Kummer, Enttäuschung, Mutlosigkeit, Liebeskummer, emotionale Verletzung, emotionaler Schock, Einschlafschwierigkeiten, Jähzorn, Wut, Verschlossenheit, Verletzbarkeit

Duftintensität/-dauer: mittel; Mittel- bis Topnote (verbindend) in Mischungen

Beste Duftharmonie: Geranie, Lavendel, Rosenholz, Jasmin, Neroli

Rosenholz
(Aniba roseaodora)

Dieses Öl wird aus dem Holz eines brasiliani-
schen Baumes durch Destillation gewonnen und
hat eigentlich nichts mit der Blume Rose gemein.
Aber es duftet leicht rosig, blumig und würzig-
süß. Es ist hauptsächlich nervenstärkend, was bei
der Hetze dieser Zeit sehr hilfreich ist.

Wirkungen: entspannend

Anwendungen: Aufregung, Verspannung, Reizbarkeit, Streß

Duftintensität/-dauer: mittel; Mittelnote (verbindend) in Mischungen

Beste Duftharmonie: Bergamotte, Rose, Jasmin,
Geranie, Zedernholz

Sandelholz
(Santalum album, citrinum, spicatum)

Das Öl des Sandelholzbaumes aus Südostasien
wird durch Destillation des Kernholzes gewonnen. Es ist ein altes indisches Parfüm und Medizin
zugleich. Es ist dickflüssig, bräunlich bis gelb und
duftet holzig, balsamisch-süß. Es wirkt erotisie-

122

rend und wohlig entspannend. Eine wertvolle Komponente von Holzdüften.

Wirkungen: beruhigend, entspannend, harmonisierend, aphrodisierend

Anwendungen: Angst, Aufregung, Unruhe, Reizbarkeit, Aggression, Unsicherheit, mangelnder sexueller Antrieb

Duftintensität/-dauer: stark, lang anhaltend; Basisduft für Mischungen

Beste Duftharmonie: Benzoe, Bergamotte, Rosenholz, Rose, Weihrauch, Vetiver, Tolu, Zedernholz, Ylang-Ylang

Tolu
(Myroxylon balsamum)

Das dickflüssige, helle Öl des Tolubaumes, der in Mittel- und Südamerika wächst, wird aus dem Saft des Baumes gewonnen. Es duftet süß, holzig, warm, leicht hyazinthenartig. Der Duft vermittelt vor allem Wärme und Wohlbehagen, also etwas für die Situationen, wo wir uns, «innerlich» frierend, alleingelassen fühlen.

Wirkungen: entspannend, wärmend, inspirierend

Anwendungen: Anspannung, Streß, innere Kälte, Einsamkeit, mangelnde Inspiration und Kreativität

Duftintensität/-dauer: stark, lang anhaltend; Basisduft für Mischungen

Beste Duftharmonie: Amber/Styrax, Benzoe, Jasmin, Neroli, Narzisse, Rosenholz, Sandelholz, Weihrauch, Vetiver, Ylang-Ylang, Zimt, Zedernholz

Vanille
(Vanilla planifolia)

Jeder kennt den süßlichen, warmen Duft der Vanille, der in uns ein Gefühl des Wohlbehagens und der Entspannung auslöst. Das Öl wird aus den zerkleinerten Vanilleschoten extrahiert. Die Pflanze wächst auf den Inseln der Karibik, Madagaskar und Indonesien. Der Duft gibt entspannenden, reizmildernden Mischungen eine warme Basisnote.

Wirkungen: entspannend, beruhigend, wärmend

Anwendungen: Aufregung, Ärger, Unruhe, Zorn, Unzufriedenheit

Duftintensität/-dauer: stark, lang anhaltend; Basisduft für Mischungen

Beste Duftharmonie: Benzoe, Honig, Mimose, Patchouli, Tolu, Sandelholz, Ylang-Ylang, Zimt

Vetiver
(Vetiveria zizianoides)

Aus dem Vetivergras, das in Indien, Indonesien, den karibischen Inseln, Brasilien und China wächst, wird durch Destillation der Wurzeln ein dickflüssiges, dunkles Öl gewonnen. Seine Herkunft, eine Wurzel, bezeichnet bereits seine Wirkungen auf die Psyche: Wenn man keine Stabilität hat, sich entwurzelt fühlt und wie ein Gras im manchmal stürmischen Wind des Lebens hin und her geworfen fühlt.

Wirkungen: stabilisierend, stärkend, leicht aphrodisierend

Anwendungen: Schwäche, Verunsicherung, Entwurzeltsein, Streß, Meditation

Duftintensität/-dauer: stark, lang anhaltend; Basisduft für Mischungen; dominierender Duft – vorsichtig dosieren

Beste Duftharmonie: Angelika, Benzoe, Eichenmoos, Geranie, Patchouli, Sandelholz, Tolu,
Ylang-Ylang, Zimt, Zypresse

Wacholder
(Juniperus communis)

Der Wacholderbusch wächst in ganz Europa, und
man gewinnt sein dünnflüssiges, klares Öl durch
Destillation seiner Beeren. Deswegen wird das Öl
auch Wacholderbeeröl genannt. Es ist dünnflüssig und klar. Sein Duft ist kräftig, kräuterartig,
leicht fichtennadelartig, der typische Gin-Duft.
Er ist vor allem dann angebracht, wenn wir uns
geschwächt und geistig verwirrt fühlen.

Wirkungen: stärkend, klärend, energetisierend

Anwendungen: Angst, Verwirrung, Mutlosigkeit,
Schwäche, Antriebslosigkeit, geistige Müdigkeit

Duftintensität/-dauer: mittel; Mittelnote (verbindend) in Mischungen

Beste Duftharmonie: Angelika, Basilikum, Lavendel, Minze, Pampelmuse, Zitrone

Weihrauch (Olibanum)
(Boswellia carterii)

Das Öl des Weihrauchbaumes, der in Arabien wild wächst, wird aus dem Harz destilliert. Hier haben wir ein Öl, das seit Jahrtausenden von den arabischen Völkern genutzt wird. In Ägypten wurde Weihrauch in den Zeiten der Pharaonen bereits als Räucherwerk für religiöse Zeremonien genutzt. Das dünnflüssige, klare bis gelbliche Öl duftet holzig, herb und würzig. Es ist der Duft für die meditativen Momente der Innenschau und tiefen Entspannung.

Wirkungen: entspannend, zentrierend, leicht aphrodisierend

Anwendungen: Angst, Depression, Entwurzelt-sein, Verwirrung, Meditation

Duftintensität/-dauer: stark, lang anhaltend; Basisduft für Mischungen

Beste Duftharmonie: Angelika, Amber, Benzoe, Eichenmoos, Galbanum, Myrrhe, Tolu, Vetiver, Ysop, Zedernholz, Zypresse

Ylang-Ylang
(Cananga odorata)

Dieses köstliche Öl wird durch Destillation der Blüten eines Baumes gewonnen, der auf den Komoren und Madagaskar heimisch ist. Es ist ein mittelflüssiges, grün-gelbliches Öl, dessen narkotisch-süßer, blumiger Duft sedierend wirkt. Eine angenehm duftende Hilfe für aufregende und sorgenvolle Zeiten.

Wirkungen: sedierend, antidepressiv, entspannend, ausgleichend, aphrodisierend

Anwendungen: Aufregung, Ärger, Wut, Zorn, Angst, Depression, innere Kälte, Unsicherheit, Einschlafprobleme, mangelnder sexueller Antrieb

· Duftintensität/-dauer: stark, lang anhaltend; Basis- bis Mittelnote für Mischungen

Beste Duftharmonie: Bergamotte, Jasmin, Neroli, Orange, Sandelholz

Ysop
(Hyssopus officinalis)

Das würzig und frisch duftende Öl des Ysops wird durch Destillation der im Mittelmeerraum wachsenden Pflanze gewonnen. Es ist dünnflüssig und klar. Ich erwähne es deshalb, weil es eine konzentrierende Wirkung hat und auch gut in Meditationsmischungen paßt.

Wirkungen: zentrierend, klärend

Anwendungen: Angst, starke Gefühlsschwankungen, Verwirrung, Meditation

Duftintensität/-dauer: mittel; Mittelnote (verbindend) in Mischungen

Beste Duftharmonie: Basilikum, Lavendel, Muskatellersalbei, Myrte, Weihrauch

Zedernholz
(Cedrus atlantica, libani,
Juniperus virginiana, mexicana)

Das Zedernöl wird durch Destillation der Holzabfälle und aus dem Sägemehl der Zeder gewonnen. Diesen Baum findet man in Nordafrika, im Nahen Osten und in den USA. Das Öl ist dünnflüssig und klar. Es duftet leicht holzig, süßsäuerlich und lederartig. Ein Duft für Männer. Er gibt Kraft und Halt für Schwache und Verunsicherte.

Wirkungen: entspannend, stärkend, beruhigend

Anwendungen: Ärger, Angst, Reizbarkeit, Anspannung, Unsicherheit, mangelndes Selbstvertrauen und -bewußtsein

Duftintensität/-dauer: stark, lang anhaltend; Basisduft für Mischungen

Beste Duftharmonie: Rosenholz, Rose, Neroli, Wacholder, Sandelholz

Zimt
(Cinnamomum ceylanticum)

Aus der Rinde oder den Blättern des Zimtstrauches werden zwei verschieden stark duftende Öle gewonnen. Das Rindenöl ist stärker als das Blätteröl. Beide duften warm, würzig, süß, typisch zimtig. Sie sind dünnflüssig und gelblich. Der Duft vermittelt das Gefühl der Wärme und Geborgenheit.

Wirkungen: wärmend, entspannend, stärkend, aphrodisierend

Anwendungen: Angst, Anspannung, innere Kälte, Einsamkeit, mangelnder sexueller Antrieb

Duftintensität/-dauer: mittel; Mittelnote (verbindend) in Mischungen; dominierender Duft – vorsichtig dosieren

Beste Duftharmonie: Amber, Benzoe, Cassie,
Eichenmoos, Mimose, Sandelholz, Tolu, Vanille,
Patchouli, Myrrhe, Ylang-Ylang, Zedernholz

Zitrone
(Citrus limonum)

Das Zitronenöl wird durch Kaltpressung der un-
behandelten, reifen Fruchtschale gewonnen. Es
ist dünnflüssig, klar und duftet frisch, fruchtig,
spritzig. Es ist deshalb hier aufgeführt, da dieser
Duft die mit Gefühlsschwankungen und emotionalen Belastungen verbundene geistige Verwirrung und Unklarheit ausgleichen kann und gleichzeitig aufmunternd wirkt.

Wirkungen: erfrischend, anregend, reinigend

Anwendungen: Unklarheit, Lethargie, Konzentrationsmangel

Duftintensität/-dauer: leicht, kurz; Topnote in
Mischungen

Beste Duftharmonie: Bergamotte, Eisenkraut,
Lavendel, Orange, Eukalyptus, Wacholder

Zypresse
(Cupressus sempervirens)

Die immergrüne Zypresse wächst im ganzen Mittelmeerraum und ist ein Wahrzeichen Südfrankreichs. Aus ihren Blättern, Zweigen und Zapfen wird durch Destillation ein dünnflüssiges, klares Öl gewonnen, das nach Rauch, Harz und Ambra duftet. Sein Duft wirkt konzentrierend, klärend und festigend. Die Form des Baumes – gradlinig – überträgt sich auf die Psyche.

Wirkungen: zentrierend, klärend, stärkend

Anwendungen: Konzentrationsmangel, Zerstreutheit, Unklarheit, Ziellosigkeit

Duftintensität/-dauer: mittel; Mittelnote (verbindend) in Mischungen

Beste Duftharmonie: Angelika, Basilikum, Geranie, Minze, Moschuskörner, Muskatellersalbei, Patchouli, Wacholder, Zedernholz

Symptomübersicht

Das folgende Kapitel gibt Ihnen die Gelegenheit, die Düfte auf einen Blick zu finden, die bei den häufigsten seelischen und emotionalen Zuständen empfohlen werden. Sie können bei mehreren, gleichzeitig auftretenden Symptomen die bei diesen Gemütsverfassungen genannten, gleichnamigen Düfte sehr einfach herausfinden.

Wenn Sie die Hinweise in den Angaben über die beste Duftharmonie beachten, werden Sie schnell die entsprechende Mischung für mehrere Symptome herstellen können. Ich gebe Ihnen auch Hinweise, wie Sie sich in Ernstfällen schnell helfen und auf Ihren Zustand einwirken können.

Die wirksamsten Öle sind hervorgehoben.

Aggression
Angelika, **Sandelholz, Vanille, Ylang-Ylang,** Zedernholz

Alpträume
Iris, Jasmin, Muskat, Ylang-Ylang

Angst
Angelika, Benzoe, Bergamotte, Geranie, Jasmin, **Römische Kamille, Lavendel**, Narzisse, **Neroli**, Muskatellersalbei, Melisse, Mandarine, Majoran,

Orange, Pampelmuse, Patchouli, **Rose**, Sandelholz, Weihrauch, **Ylang-Ylang**, Ysop, Zypresse

Selbsthilfe: Bei starken Angstanfällen Öl auf ein Taschentuch tropfen und tief inhalieren. Bei angstbedingten Einschlaf- oder Durchschlafschwierigkeiten einige Tropfen Öl auf das Kopfkissen geben.

Anspannung (emotionaler Streß)

Benzoe, Bergamotte, **Cistrose,** Eichenmoos, Fenchel, **Honig, Myrrhe, Rosenholz, Sandelholz,** Tolu, Vetiver, **Zedernholz**

Ärger

Benzoe, Galbanum, Geranie, **Römische Kamille,** Lavendel, Melisse, **Vanille, Ylang-Ylang,** Zedernholz

Aufregung

Amber, Angelika (nervenberuhigend), **Basilikum,** Eichenmoos, Fenchel, Honig, **Lavendel,** Mandarine, **Myrrhe, Neroli,** Rosenholz, **Sandelholz**, Verbena (kleine Mengen), **Ylang-Ylang** (nervenberuhigend)

Schnelle Hilfe: Aromalampe im Schlafzimmer bei Einschlafschwierigkeiten. Wenn das Herz betroffen ist, einige Tropfen Rosmarin und Rose oberhalb des Herzens einreiben.

Depression

Amber, Basilikum, Benzoe, **Bergamotte**, Jasmin, **Blaue Kamille, Lavendel, Melisse,** Muskateller-salbei, **Neroli,** Pampelmuse, Rose, **Ylang-Ylang, Weihrauch**

Desinteresse am Leben (Langeweile)

Wacholder, Rosmarin, Eisenkraut, Minze

Entwurzeltsein

(Zentrierung, Festigung des Wesens)
Angelika, **Eichenmoos, Immortelle,** Patchouli, Sandelholz, Vetiver, **Weihrauch**

Erschöpfung (psychisch und nervlich)

Angelika, Muskat, **Neroli, Rose,** Wacholder

Erschöpfung (geistige; durch Sorgen, Kummer und Probleme)

Basilikum, **Eisenkraut, Minze,** Rosmarin, Wa-cholder, Zitrone
(auch empfehlenswert: Lemongrass, Nelke, Mus-kat)

Extrovertiertheit (zu sehr nach außen agierend, damit hoher Energieverlust)

Cistrose, Immortelle

Furcht

Benzoe, **Römische Kamille, Lavendel, Majoran, Neroli,** Myrrhe, Weihrauch, Sandelholz

Gefühlsschwankungen

Bergamotte, Geranie, Römische Kamille, Lavendel, Melisse, Orange, **Rosenholz, Rose, Weihrauch,** Ysop, Zypresse

Schnelle Selbsthilfe: Praktisch und gut wirksam kann eine Inhalation auch unterwegs gemacht werden, wenn man ein Fläschchen der Mischung mit sich führt (einige Tropfen auf ein Taschentuch)

Gefühlskälte

Cistrose, Fenchel, Geranie, **Jasmin, Narzisse,** Patchouli, **Rose,** Ylang-Ylang

Selbsthilfe: Parfüm langfristig, Aromalampe unterstützend

Hysterie

Benzoe, **Römische Kamille, Majoran,** Muskatellersalbei, Neroli, **Ylang-Ylang**

Schnelle Hilfe: Einnahme, Baden, Aromalampe, Inhalation

Irritation (emotional)

Römische Kamille, Lavendel, **Majoran, Neroli**

Kältegefühl (innerlich)
Cistrose, Geranie, Jasmin, Narzisse, Patchouli,
Rose, Ylang-Ylang, Zimt
(auch empfehlenswert: Pfeffer)

Kraftlosigkeit siehe Erschöpfung

Kummer (auch: Liebeskummer)
Benzoe, **Bergamotte, Jasmin,** Melisse, Majoran,
Muskatellersalbei **Neroli,** Orange, **Pampelmuse,
Rose**

Lethargie (Lustlosigkeit, Antriebsmangel)
Eisenkraut, **Eukalyptus, Kardamom, Limette,
Lemongrass,** Melisse, Muskatellersalbei, Pampel-
muse, **Rosmarin, Wacholder**
(auch empfehlenswert: Eukalyptus, Kardamom,
Lemongrass)

Labilität (psychisch)
Myrte, **Zypresse**

Mutlosigkeit
Angelika, Myrte, **Pampelmuse, Rose,** Wacholder, Zedernholz

Melancholie
Basilikum, Bergamotte, Pampelmuse

Nervenreizung, starke (bedingt durch Emotionen)
Angelika, **Benzoe,** Bergamotte, Eichenmoos, **Römische Kamille, Lavendel, Muskatellersalbei,** Sandelholz, Vanille, Ylang-Ylang

Nervenschwäche (einhergehend mit emotionaler Belastung, Aufregung und Verwirrung)
Basilikum, Römische Kamille, **Lavendel, Melisse, Muskatellersalbei,** Wacholder, **Rosmarin**

Niedergeschlagenheit
Basilikum, **Bergamotte, Jasmin, Muskatellersalbei,** Neroli, **Pampelmuse, Rose**

Panik
Jasmin
Schnelle Hilfe: Inhalation

Pessimismus
Bergamotte, Eisenkraut, **Jasmin,** Muskatellersalbei, **Orange, Ylang-Ylang**

Phantasiemangel (mangelndes Vorstellungsvermögen anderer Seinszustände, Kreativitätsmangel)
Cassie, Eisenkraut, Iris (Intuition), Muskatellersalbei, **Narzisse,** Rose, Tolu, Ylang-Ylang, **Zimt, Zitrone**

Reizbarkeit
Amber, Fenchel, Galbanum, **Römische Kamille,
Lavendel, Narzisse,** Orange, Rosenholz, Tolu,
Vanille

Scheu
Muskatellersalbei, Jasmin, Patchouli, Ylang-
Ylang
(ergänzend Öle für Selbstvertrauen!)

Schock
Rose, Neroli – emotional
Melisse, Minze – nervlich
Schnelle Hilfe: Inhalation

Selbstwert, mangelnder
Muskatellersalbei, Pampelmuse, Jasmin, Rose

Selbstvertrauen, mangelndes
Jasmin, **Narzisse,** Pampelmuse, **Rosmarin, Sandelholz,** Ylang-Ylang, **Zedernholz**

Sexualität (mangelnder Antrieb, Frigidität, Im-
potenz)
Cistrose, Jasmin, Moschuskörner, Muskatellersalbei, Narzisse, Patchouli, Rose, Sandelholz,
Ylang-Ylang, Zimt
(außerdem hilfreich: Kardamom, Kümmel, Pfeffer, Fichtennadel, Bohnenkraut – Organwirkung)

Streß (emotional und nervlich)
Amber, **Benzoe,** Bergamotte, Fenchel, Muskatellersalbei, Melisse, **Narzisse, Rosenholz, San-**
delholz, Tolu, Vetiver, **Zedernholz,** Zimt

Streitlust (leicht erregbar, aufbrausend)
Muskatellersalbei, Jasmin, Patchouli, Rose

Süchte (und damit Abhängigkeit von Alkohol,
Nikotin, Spielen, Essen = Endorphinmangel)
Muskatellersalbei, Jasmin, Ylang-Ylang, Pat-
chouli

Trauma (emotional, seelisch)
Rose, Rosenholz, Weihrauch
Schnelle Hilfe: Inhalation bei plötzlichem Eintritt

Trauer
Bergamotte, **Muskatellersalbei, Orange,** Rose,
Pampelmuse

Unausgeglichenheit (innere Disharmonie)
Geranie, Honig, Lavendel

Unsicherheit
Angelika, Myrrhe, Sandelholz, Vetiver, Weihrauch, Zypresse

Ungeduld
Geranie, Myrte, Rose

Verhärtung (emotional und seelisch)
Galbanum, Honig, **Jasmin,** Römische Kamille, Lavendel, Muskatellersalbei, **Narzisse, Rose**

Verletzbarkeit (Schutzöle)
Geranie, Iris, Myrte, Neroli, Rose

Verletzung, Schmerz (emotional und seelisch)
Benzoe, **Cassie,** Geranie, Römische Kamille, Lavendel, **Narzisse, Rose**

Verschlossenheit (emotional)
Bergamotte, Pampelmuse, Muskatellersalbei, Melisse, **Rose**

Verschlossenheit (mangelnde Offenheit für das Schöne im Leben)
Honig, **Jasmin, Myrte,** Tolu, Ylang-Ylang

Verzweiflung
Angelika (stärkend), Bergamotte, **Jasmin,** Muskatellersalbei, **Neroli, Orange**

Wut
Benzoe, **Lavendel, Römische Kamille, Majoran,** Melisse, Neroli, Myrrhe, Rose, Vanille, Weihrauch, Ylang-Ylang

Zorn siehe Wut

Meditation:
Wurzeln und Flügel
für die Seele

Die Welt verändert sich in der jetzigen Zeit schnell. Strukturen zerbrechen, Systeme zerfallen, Umweltkatastrophen und Kriegsgefahren, Chaos löst Ordnung ab, Unklarheit statt gesicherte Zukunft. Für viele Menschen bedeutet das Angst und Unsicherheit. Auf allen Ebenen werden wir davon betroffen.

Das war eigentlich schon immer so, aber diese Dekade beschert uns so viele und schnell aufeinanderfolgende Veränderungen, daß in vielen Menschen starke Angst, Depression und Verunsicherung entstehen. In diesem Moment brauchen Sie Wurzeln, damit Sie sich sicher und stark fühlen können, und gleichzeitig Flügel, um mit den Veränderungen mitzufliegen, die Sie zu einem neuen Bewußtsein und Leben tragen. Das zu bekämpfen oder zu verneinen bedeutet schmerzhaften Widerstand.

Es ist keineswegs etwas Neues, sich mit Düften in einen Zustand der inneren Ruhe, aus der wir die Dinge emotionslos betrachten und erfahren können, zu versetzen. Seit Jahrtausenden nutzen wir neben bewußtseinserweiternden Drogen, die jedoch zu Abhängigkeit und gesundheitsschädigenden Nebenerscheinungen führen, auch Düfte in Form von Räucherwerk. Sie erlauben uns, ähnliche Erfahrungen zu machen. Damals wie heute nutzen wir in Kirchen, Tempeln, Moscheen und sonstigen Räumen der Meditation, des Gebets und der Sammlung die Hilfe von Düften.

Sie reinigen die Atmosphäre des Raumes von den niedrigen Schwingungen der Sorgen, des Kummers, der Angst und der Verzweiflung. Das ist nicht nur angebracht in Kirchen, sondern Sie können somit auch die Atmosphäre zuhause oder an Ihrem Arbeitsplatz verändern. Diese Düfte versetzen uns in den Zustand der inneren Ruhe und Zentriertheit – Meditation. Das ist der Zustand, wo sich Angst, Unsicherheit und Verwirrung auflösen.

Meditieren ist eine uralte Methode, um die Wahrnehmung zu verfeinern. Gleichzeitig verlangsamt sich das dauernde Plappern des Geistes, der Stoffwechsel und die Nerven beruhigen sich. Diese Folgen werden als eine wahre Wohltat von Körper, Geist und Seele empfunden. Die entstehende Ruhe setzt außerdem starke Heilkräfte auf körperlicher, emotionaler und seelischer Ebene frei.

Meditation erweitert Ihre geistigen Grenzen und macht Sie frei von psychischen Zwängen. Sie werden aufmerksamer, nehmen Dinge klarer wahr, spüren Lebensfreude und Offenheit für alles Schöne. Ihr Leben wird um eine Dimension angereichert, die sich nicht mit Worten beschreiben läßt, da es ein Zustand ist, der sich weder einfangen und festhalten noch messen und wiegen läßt.

Aus der jahrtausendelangen Praxis sind einige Düfte bekannt, die Sie für Ihre Meditation nutzen können. Sie regen gleichzeitig die Intuition und Phantasie an. Es sind also gute Düfte für Menschen, die kreativ arbeiten.

Ihre Namen und Wirkungen:

Amber/Styrax	– der Vater der Düfte, Meditation, Ruhe
Benzoe	– Distanz zu Emotionen, Ruhe, Friede
Blaue Kamille	– Weite, Öffnung für kosmische Energie
Iris	– spirituelle Erfahrungen, Seelenkontakt
Muskatellersalbei	– Euphorie und Leichtigkeit
Myrte	– Klarheit, Reinheit, Seelenkontakt
Myrrhe	– Friede, Ruhe, Wärme
Rose	– die Mutter der Düfte, Liebe und Mitgefühl
Sandelholz	– Wurzel und Flügel in einem Duft; Verbindung von Sexualität und Bewußtsein
Wacholder	– Klarheit und Wachheit

Weihrauch   – Bewußtseinserweiterung
und Friede

Erwarten Sie bitte keine dramatischen Erlebnisse durch die Düfte, wie etwa ekstatische Zustände – die Düfte wirken sehr subtil. Erst nach einer Weile ständigen Anwendens werden Sie leichte Veränderungen feststellen und sich jedes weitere Mal, wenn Sie Ihre Meditationsdüfte wahrnehmen, schneller auf die Düfte einstimmen. Ihr Geist lebt von Erfahrungen bzw. der Vergangenheit. Er verursacht, einmal eine bestimmte Erfahrung mit einem Duft erfaßt, eine Reaktion auf körperlicher, emotionaler und spiritueller Ebene.

Suchen Sie sich die Öle aus, die Ihnen aufgrund der Wirkungen oder des Duftes intuitiv zusagen. Sicherlich werden Sie mit jedem einzelnen Duft Ihre persönliche Erfahrung machen, die sich nicht mit den allgemeingültigen Beschreibungen decken muß.

Nehmen Sie sich Zeit und Raum, um in Stille und Nichtstun die Düfte in Ihrer Aromalampe zu erfahren, in ihnen zu baden oder als Parfüm aufzutragen. In Ihrem Parfüm erinnert Sie der Duft für viele Stunden und kann Sie sanft das Gefühl von Wurzeln und Flügeln erleben lassen.

Die feinstofflichen Regler unserer Gefühle und unseres Wesens

Lassen Sie uns einen weiteren Schritt in den Bereich des Feinstofflichen tun und uns den Energiezentren, genannt Chakras, zuwenden. Sie haben sieben solcher Zentren in Ihrem Körper, die für Ihre Körperfunktionen, Ihr allgemeines Wohlbefinden und Ihre spirituelle Entwicklung mitverantwortlich sind. D.h., ihre Über- oder Unterfunktion kann den Energiestrom im Körper beschleunigen oder blockieren.

Entsprechend Ihrer Lage wirken Sie allgemein gesehen auf die nächstliegenden Organe. Sie haben auch Einfluß auf Ihre Gefühle und Ihr Bewußtsein. Die Energiezentren können durch emotionale Verletzungen (z. B. Zurückweisung durch Eltern, Partner usw.) oder Sperren gegen Lebensaufgaben bzw. -erfahrungen, die einen Bewußtseinsfortschritt (d. h. spirituelle Entwicklung) bedeuten, blockiert sein.

Alle wichtigen Chakras befinden sich auf einer gedachten geraden Linie von Anus bis zur Mitte der Schädeldecke in Ihrem Körper. Aufgrund der

Wirkungen der Düfte auf Emotionen, Organe und seelische Zustände kann man ableiten, daß sie auch auf die Chakras, die diese steuern, Einfluß haben.

Dies ist für viele bestimmt ein völlig neuer Gedanke, besonders wenn man noch nie von den Energiezentren gehört hat.

Lassen Sie mich zwei Beispiele nennen, wie Sie Ihre Energiezentren wahrnehmen:

Das dritte Chakra, das sich um den Solarplexus (unterer Teil des Brustbeins, wo sich eine Vertiefung bildet) befindet, regelt die rohen Emotionen. Wenn Sie starke Wut oder Zorn spüren, scheint diese Körperstelle zu glühen und starke Energie auszustrahlen.

Das Sexchakra, das sich unterhalb des Nabels befindet, spüren Sie als eine wohlige, ausstrahlende Wärme, wenn Sie sich sexuell erregen.

Im Zustand der ersten Verliebtheit öffnet sich Ihr Herzchakra. Ein süßes, angenehmes Gefühl breitet sich in Ihrer Brust aus mit dem Öffnen Ihres Herzens. Sie mögen sogar das Gefühl haben, daß sich Ihr Brustkorb weitet und öffnet. Dem ist so, denn in diesem Zustand atmen Sie tiefer und heißen das Leben in Ihrem Herzen willkommen.

Sehen wir uns nun an, welche der Öle, von denen in diesem Buch die Rede ist, harmonisierend auf die Energiezentren wirken und was diese Zentren regeln:

1. Chakra
Bezeichnung: Wurzelchakra
Lage: zwischen Anus und Geschlechtsteil
Regelt: Wille zum Leben und Überleben
Duft: Zimt, Sandelholz, Vetiver, Angelika

2. Chakra
Bezeichnung: Sex- oder Sakralchakra
Lage: zwischen Nabel und Geschlechtsteil
Regelt: Sexualität, Vitalität, Fortpflanzungswille
Duft: Ylang-Ylang, Moschuskörner, Sandelholz

3. Chakra
Bezeichnung: Solarplexuschakra
Lage: unterer Teil des Brustbeins, in der Vertiefung
Regelt: Wut, Zorn, Ärger, Machtstreben, Aggression
Duft: Rosmarin, Zitrone, Pampelmuse

4. Chakra
Bezeichnung: Herzchakra
Lage: Herz
Regelt: Liebe, Mitgefühl, Freude, Freundschaft, Gruppenbewußtsein
Duft: Rose, Neroli, Rosenholz

5. Chakra
Bezeichnung: Halschakra
Lage: Kehlkopf

Regelt: Phantasie, Vision, Kreativität, Kommunikation
Duft: Geranie, Jasmin, Bergamotte, Eisenkraut

6. Chakra
Bezeichnung: Stirn-, Augenbrauenchakra, «Drittes Auge»
Lage: oberhalb der Mitte der Augenbrauen
Regelt: Intuition, Hellsehen, emotionsfreie Erkenntnis
Duft: Minze, Wacholder, Melisse

7. Chakra
Bezeichnung: Kronenchakra
Lage: Mitte der Schädeldecke, Fontanelle
Regelt: spiritueller Wille, Verbindung zum Kosmos, Überbewußtsein
Duft: Lavendel, Myrrhe, Amber/Styrax, Weihrauch

Die Auswahl der Öle ist durch praktische Erfahrungen, die nicht ausschließlich von mir gemacht wurden, entstanden. Auch hier muß ich wieder bemerken, daß dies eine subjektive Wahl ist und Sie sich für andere Öle entscheiden können.

Zwei Möglichkeiten der Anwendung möchte ich Ihnen vorschlagen:

1. Sie stellen eine Ölmischung aus 20 ml Mandel-/Jojobaöl und 20 Tropfen ätherischen Ölen her, die Sie auf das jeweilige Chakra auftragen

und sanft einmassieren. Lassen Sie Ihre rechte Hand etwa 30 Minuten auf dieser Stelle liegen, während Sie mit geschlossenen Augen liegend ruhen.

2. Sie sitzen in aufrechter Haltung auf einem Kissen auf dem Boden (Meditationshaltung) und nehmen die Düfte aus einer Aromalampe wahr, die sich direkt vor Ihnen befindet. Konzentrieren Sie sich auf das Chakra, und «reden» Sie mit ihm. Sagen Sie ihm, was es tun soll. Bleiben Sie auch hier mindestens 30 Minuten bei dieser Übung.

Behandeln Sie jedes Chakra einzeln, und machen Sie Ihre Übungen einige Zeit kontinuierlich. Sie werden sehen, daß dies eine einfache und entspannende Meditationsübung ist, die Sie Ihre wohlriechenden Düfte genießen läßt.

Mengentabelle

Duftlampe: 6–15 Tropfen

Bad: 6–15 Tropfen

Massage: 20 ml Basisöl – 10 Tropfen
50 ml Basisöl – 20 Tropfen
100 ml Basisöl – 40 Tropfen

Parfüm: 10 ml Basisöl (Jojobaöl) –
20 Tropfen

Einnahme: Maximal 3mal 2 Tropfen täglich –
nicht über längeren Zeitraum

Rezepte für Duftmischungen

Duftlampe oder Bad

Entspannung:
– 5 Zedernholz, 4 Lavendel, 2 Orange
– 5 Rose, 5 Rosenholz, 3 Römische Kamille
– 4 Lavendel, 4 Neroli, 4 Ylang-Ylang
– 4 Ylang-Ylang, 4 Sandelholz, 2 Zedernholz

Depression:
– 4 Muskatellersalbei, 2 Weihrauch, 2 Bergamotte
– 4 Melisse, 4 Bergamotte, 2 Ylang-Ylang
– 6 Basilikum, 4 Geranie, 2 Muskatellersalbei

Trauer:
– 6 Pampelmuse, 2 Orange, 2 Jasmin
– 4 Muskatellersalbei, 4 Limette, 2 Rose
– 4 Rose, 6 Bergamotte

Gefühlsschwankungen:
– 8 Geranie, 4 Lavendel, 2 Zedernholz
– 6 Benzoe, 4 Weihrauch, 2 Amber/Styrax
– 6 Neroli, 2 Römische Kamille, 2 Zypresse

Schlechte Laune:
– 5 Bergamotte, 5 Geranie, 3 Rosenholz

Massage
(basierend auf 50 ml Basisöl)

Entspannung:
- 10 Sandelholz, 4 Tolu, 4 Zimt
- 10 Lavendel, 5 Geranie, 5 Rose
- 5 Rosenholz, 5 Sandelholz, 10 Zedernholz
- 10 Orange, 5 Ylang-Ylang, 5 Zedernholz

Angst/Furcht:
- 6 Sandelholz, 4 Weihrauch, 6 Zedernholz
- 10 Neroli, 4 Rose, 6 Geranie
- 10 Römische Kamille, 4 Cistrose, 6 Neroli

Pessimismus:
- 10 Muskatellersalbei, 4 Jasmin, 6 Limette
- 10 Eisenkraut, 6 Limette, 4 Pampelmuse

Verletzbarkeit:
- 10 Iris, 5 Neroli, 5 Rose

Mutlosigkeit:
- 10 Pampelmuse, 5 Bergamotte, 5 Neroli

Nervenschwäche:
- 10 Melisse, 5 Lavendel, 5 Basilikum

Nervosität:
- 15 Geranie, 5 Basilikum, 5 Neroli

Parfüm
(basierend auf 10 ml Basisöl)

Erotisierend:
– 6 Patchouli, 4 Jasmin, 2 Eichenmoos
– 2 Moschuskörner, 6 Jasmin, 10 Sandelholz

Erdend/stärkend:
– 2 Vetiver, 2 Eichenmoos, 10 Sandelholz
– 10 Immortelle, 2 Vetiver, 2 Tolu

Pessimismus:
– 10 Limette, 5 Eisenkraut, 2 Ylang-Ylang
– 10 Orange, 4 Eisenkraut, 2 Jasmin, 1 Ylang-Ylang

Unsicherheit:
– 10 Zypresse, 6 Sandelholz, 2 Vetiver, 2 Weih-rauch
– 10 Sandelholz, 5 Myrrhe, 2 Vetiver

Verletzbarkeit/Schutz:
– 10 Myrte, 5 Neroli, 2 Rose
– 3 Iris, 10 Myrte, 4 Rose

Selbstvertrauen:
– 15 Zedernholz, 2 Rosmarin, 3 Jasmin
– 10 Sandelholz, 5 Zedernholz, 2 Ylang-Ylang, 2 Narzisse

Literaturhinweise

Erich Keller: Handbuch der ätherischen Öle, Goldmann-Verlag, München 1989

Erich Keller: Essenzen der Schönheit, Goldmann-
Verlag, München 1990

Susanne Fischer-Rizzi: Himmlische Düfte, Hugen-
dubel, München 1989

Robert B. Tisserand: Aromatherapie, Bauer-Ver-
lag, Freiburg 1987

Jean Valnet: Gesundheit und Wohlbefinden durch
pflanzliche Essenzen – Aromatherapie, Heyne-
Verlag, München 1986

Für Seminarorte und -termine
wenden Sie sich bitte an:

Erich Keller, Adling 29, 85625 Glonn

GOLDMANN

Körper und Wohlbefinden

Bade dich gesund!   10380

Bauchtanz   13650

Luna-Yoga   13535

Das Stretching-Handbuch   13517

Goldmann · Der Taschenbuch-Verlag

GOLDMANN

Sexualität und Partnerschaft

Liebesdüfte   10471

Sex for One   10475

Weibliche Sexualität   13636

Loving Touch   13600

Goldmann · Der Taschenbuch-Verlag

GOLDMANN

Natürliche Heilkunde

Das große Handbuch der
Homöopathie   13587

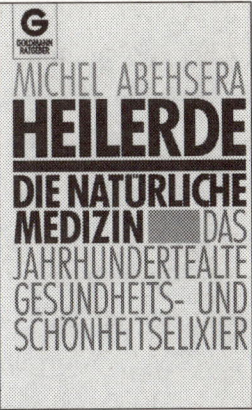

Heilerde –
die natürliche Medizin   10420

Die Heilkunst der Chinesen   10437

Shiatsu für Anfänger   13590

Goldmann · Der Taschenbuch-Verlag

GOLDMANN TASCHENBÜCHER

Fordern Sie das kostenlose Gesamtverzeichnis an!

Literatur · Unterhaltung · Bestseller · Lyrik

Frauen heute · Thriller · Biographien

Bücher zu Film und Fernsehen · Kriminalromane

Science-Fiction · Fantasy · Abenteuer · Spiele-Bücher

Lesespaß zum Jubelpreis · Schock · Cartoon · Heiteres

Klassiker mit Erläuterungen · Werkausgaben

****

Sachbücher zu Politik, Gesellschaft,

Zeitgeschichte und Geschichte; zu Wissenschaft,

Natur und Psychologie

Ein Siedler Buch bei Goldmann

****

Esoterik · Magisch reisen

****

Ratgeber zu Psychologie, Lebenshilfe,

Sexualität und Partnerschaft;

zu Ernährung und für die gesunde Küche

Rechtsratgeber für Beruf und Ausbildung

Goldmann Verlag · Neumarkter Str. 18 · 8000 München 80

Bitte senden Sie mir das neue Gesamtverzeichnis.

Name: _____

Straße: _____

PLZ/Ort: _____